Davide contro Golia

nel mondo delle truffe

Fulvio Romano

Prima stampa: 2015

ISBN: 978-1-326-29544-8

www.fulvioromano.it

Fulvio Romano

dello stesso autore:

"Come le api sul miele"
giugno 2014

Copertina:

disegno originale
Greta Casco

Prefazione

Secondo il Diritto Italiano la truffa è *"l'ottenimento di un vantaggio a scapito di un altro soggetto indotto in errore attraverso artifici e raggiri"*. Più poeticamente la truffa è il meccanismo con il quale si convince una persona di avere un vantaggio di qualche tipo circa una certa questione. E la certezza di avere questo vantaggio riduce, o in certi casi annulla, le difese mentali del truffato. Nella maggior parte dei casi infatti, la truffa fa leva sui sentimenti della vittima, spesso sulla sua ingordigia.

Questa definizione non vuole certo riscattare in alcun modo il truffatore, che resta in ogni caso un criminale della peggior specie, un criminale che sfrutta una propria superiorità a scapito di persone più deboli di lui. Eppure astraendo la truffa a puro esercizio mentale, e volendola un po' forzatamente intendere come esaltazione dell'intelligenza del truffatore, alla ricerca della superiorità intellettuale rispetto al truffato, ebbene può diventare un fenomeno piuttosto interessante da studiare.

La truffa è una delle rappresentazioni della malvagità dell'essere umano contro un altro essere umano. *"Homo homini lupus"*, eppure esistono altre forme di malvagità anche maggiori che nonostante tutto val la pena di studiare per la cura con cui vengono sviluppate. La si può immaginare come una guerra, una delle attività umane che primariamente bisognerebbe aborrire. Non la prima, certo, perché nella mia personale scala dei valori i primi due posti per le attività da aborrire sono già occupati da tortura e schiavitù, ma il terzo posto è senza alcun dubbio riservato alla guerra. Eppure lo studio delle guerre ha un fascino speciale. Non è forse vero che le si studia a scuola? Che le studiano

1

anche bambini in età scolare, quell'età che nell'immaginario comune dovrebbe essere preservata da violenze e brutalità? Certo è uno studio asettico e spesso imparziale che da un lato consente di studiarne le motivazioni per cercare di non ripresentarle nella storia futura, dall'altro permette di osservare come gran parte dell'ingegno umano si aguzza durante le guerre.

Ebbene, seppur in piccolo, per le truffe è la stessa cosa. Da un lato studiarle consente di essere un po' più preparati ed evitare di trovarsi dal lato sbagliato della trincea, quello della vittima, e dall'altro è innegabile il fascino dell'ingegno necessario per svilupparne i dettagli.

Ma in tutto questo cosa c'entrano Davide e Golia?

Davide è quel ragazzo, che successivamente sarebbe diventato re, il quale abbatté il gigante Golia con una semplice fionda, e poi utilizzò la sua stessa spada per decapitarlo. Davide è quindi l'emblema dell'astuzia con la quale è possibile vincere la forza. Astuzia che se ben utilizzata da una potenziale vittima può vincere la forza del truffatore o di intere organizzazioni truffaldine.

Questo libro vuole essere una sorta di saggio romanzato. Ogni tipologia di truffa analizzata viene raccontata dapprima sotto forma di storia. Una storia inventata, mai accaduta, eppure verosimile. Come si suol dire, riferimenti a fatti e persone è puramente casuale, ma raccontare la storia di un raggiro dal punto di vista del truffato non è affatto una scelta casuale. *Cambiare punto di vista*, ecco la cosa difficile. Il truffato nel 100% dei casi si trova, o viene messo ad arte, in una situazione psicologica tale da riuscire a vedere esclusivamente il *proprio* punto di vista, magari creato artificialmente dal truffatore. E per salvarsi è necessario riuscire a fare il salto, guardare la situazione dall'esterno, cambiare il punto di vista ed indovinare quello del truffatore. Non è per nulla semplice, ma solo così è possibile evitare di cadere nella trappola. E' questo il motivo per cui dopo la storia, inventata ma verosimile, viene raccontata la stessa truffa dal punto di vista del truffatore, quasi una ginnastica mentale per allenarsi a sviscerare più punti di vista possibile.

In realtà poi non tutti i racconti collezionati in questo libro sono inventati. Due in particolare sono veri, realmente accaduti e di dominio pubblico; studiarli permettere di conoscere dei fenomeni sociali interessantissimi ed utilissimi ai fini della difesa propria e di chi ci circonda.

Banconote

Colazione al bar

Era il tempo della scuola, le superiori, quel meraviglioso momento della vita in cui ci si può facilmente dichiarare adulti quando si viene additati come bambini, oppure bambini quando ci si sente addosso l'accusa di essere adulti. E' innegabile che questa è una discreta comodità.

Giulio era un ragazzo un po' timido, ma di quella timidezza lieve che non gli impediva di avere normali rapporti sociali, semplicemente in alcune situazioni sentiva dentro di sé crescere un imbarazzo che non ritrovava nei propri compagni più spavaldi.

Erano ormai due settimane che entrava a scuola mezz'ora prima. All'interno della scuola c'era un bar, un piccolo chiosco a cui potersi dissetare dopo l'ora di ginnastica, oppure, come nel caso di Giulio, fare colazione la mattina prima dell'inizio delle lezioni. Entrava mezz'ora prima appunto per avere il tempo di fare colazione con calma. Appena quindici giorni prima era solito bere latte e caffè a casa, inzuppandoci dentro qualche biscotto, ma ora il bar della scuola aveva un fascino speciale. Era il cappuccino con quella spolverata di cacao? Erano le brioches appena sfornate? Rigorosamente con crema e amarena perché a lui quella cioccolata spalmabile alla nocciola proprio non piaceva, gli impiastricciava la lingua, e questo era uno dei motivi di imbarazzo visto che piaceva davvero a tutti. Oppure poteva essere il mese dell'anno, Aprile, quando le giornate iniziano a diventare più calde, uscire da sotto le coperte diventa più facile, ed il profumo della giornata che inizia attira tanto da non aver il tempo di consumare una colazione a casa? Cerchiamo di essere onesti, si tratta di entrare a scuola mezz'ora prima. Trenta minuti; milleottocento secondi in più passati gratuitamente e senza costrizioni all'interno delle mura più odiate da qualsiasi ragazzo. No, la spolverata di cacao sul cappuccino è una giustificazione verso sé stessi; una giustificazione, ecco, non una motivazione.

Anche quel giorno Giulio entra a scuola quei trenta minuti prima dello stretto necessario, si dirige verso il bar della scuola, ed ordina:

- *Ciao Enrico, il solito grazie.*

- *Ciao Giulio, buongiorno. Oggi non abbiamo crema e amarena, solo cioccolato...*

Giulio stringe i denti e socchiude gli occhi come a pensare *"ecco che inizia una giornata storta..."*, ma Enrico il barista aggiunge immediatamente:

- *Dai Giulio, sto scherzando... se a quest'ora del mattino avessi già finito le brioches sarei un barista fallito.*

ed apre il piccolo forno a microonde dove aveva già messo a riscaldare un cornetto crema e amarena sapendo che Giulio lo avrebbe di lì a poco ordinato.

Enrico poggia sul bancone una tazza fumante con sopra una spolverata di cacao, vicino mette un piattino con sopra un piccolo tovagliolo di carta lucida ed inadatta a pulirsi la bocca, e sopra di esso il cornetto un po' floscio da un lato, non tanto invitante ma si sa, riscaldare un cornetto nel forno a microonde lo rende più buono ma meno gradevole alla vista. Nel porgere tazza e piattino a Giulio, Enrico fa involontariamente un gesto con la testa indicando un punto nell'angolo della sala, tre tavolini più in là. Giulio arrossisce, Enrico abbozza mezzo sorriso tra l'imbarazzato ed il vissuto, e si gira verso la macchina del caffè che intanto aveva già ricominciato a sbuffare vapore.

Giulio prende piattino e tazza, supera i tre tavolini, e sul quarto li poggia accanto ad un'altra tazza piena a metà di caffellatte, vicino ad un piattino con mezzo cornetto da cui trasuda crema di cioccolato.

- *Buongiorno Caterina, sei qui da molto?*

- *Ciao Giulio, sono arrivata leggermente in anticipo. Mio padre stamattina aveva una fretta del diavolo di andare al lavoro, mi ha scaricata davanti alla scuola dimenticandosi quasi di salutarmi... Ho iniziato a ordinare mentre ti aspettavo...*

A metà giornata Giulio entra nuovamente nel bar, e Enrico con la voce grave lo chiama in un angolo:

- *Giulio, devo dirti una cosa. Stamattina non ti ho detto nulla davanti a Caterina, so che ci tieni, e per così poco non mi sembrava il caso di fare un dramma. Quando hai pagato mi hai dato cinque euro. Ecco... questi cinque euro... insomma non sono buoni.*

- *Come sarebbe a dire che non sono buoni? Ho controllato la filigrana...*

- *Si Giulio, hai controllato la filigrana, hai controllato l'ologramma, tutto ok...*

Enrico poggia sul bancone i cinque euro e fa notare a Giulio la presenza di quel nastro adesivo trasparente al centro. Poi poggia un'altra banconota da cinque euro:

- *Vedi Giulio? Un po' di nastro adesivo può passare inosservato, le banconote di piccolo taglio possono rovinarsi ed essere riparate in questo modo, ma non vedi altre differenze? Giulio, vedi che la tua banconota è due millimetri più corta di quest'altra?*

No, Giulio questo non l'aveva notato. Immediatamente pensò che Enrico la stava facendo troppo pesante, le banconote possono rompersi, possono essere riattaccate col nastro adesivo, e in questa operazione sbagliare di due millimetri è normalissimo. La banconota non è certo falsa, ma decide in ogni caso di non fare storie, di riprendersela e ridarla a suo padre, del resto era stato lui a dargliela.

***

Il barista Enrico è stato effettivamente troppo pesante? O magari è proprio lui che ha truffato il povero Giulio? Niente di tutto questo. Il papà di Giulio era stato truffato con una banconota non proprio falsa ma nemmeno completamente vera. Non se ne era ovviamente accorto, e l'aveva data al figlio. Enrico invece, nel commercio da anni, evidentemente si era già imbattuto in banconote "moltiplicate" e non si è quindi fatto cogliere impreparato.

Enrico non può essere biasimato per la sua buona fede, ma in realtà non ha seguito la procedura che la legge impone. Quando si pensa che una banconota possa essere falsa, essa deve essere consegnata allo sportello di una banca o di un ufficio postale per farla esaminare, mentre tentare di spenderla è *reato*.

Più che truffa, la "moltiplicazione delle banconote" è un trucchetto utilizzato per pochissimo tempo da falsari improvvisati. Veniva operata per lo più su banconote di piccolo taglio perché poco credibile in caso di tagli superiori. Non è necessaria una tipografia attrezzata, né un esperto di colori *che ricordi il Pinturicchio, sì, quello della prima maniera* (cit. *"La banda degli onesti"*). E' sufficiente poca attrezzatura, e soprattutto gente sprovveduta da truffare. Questo è probabilmente il motivo per cui la tecnica è durata poco. Ad oggi ben pochi si lascerebbero ingannare.

Immaginate di prendere n banconote uguali. Dalla prima tagliate una strisciolina larga $1/(n+1)$. Dalla seconda ne tagliate una di larghezza $2/(n+1)$ e la sostituite con la prima strisciolina, utilizzando del nastro adesivo per riattaccare le due parti. Dalla terza banconota tagliate una strisciolina larga $3/(n+1)$ e la sostituite con quella precedente, e così via, fino ad aver tagliato tutte le banconote. Nell'esempio di Giulio, il falsario avrà tagliato due millimetri dal-

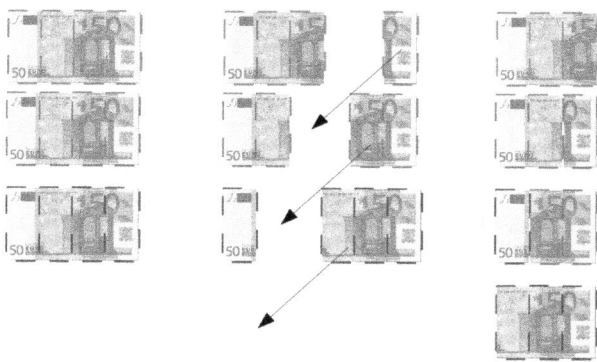

la prima banconota; dalla seconda avrà tagliato quattro millimetri inserendo poi al suo posto la strisciolina da due; Dalla terza avrà tagliato sei millimetri sostituendo con la striscia da quattro e così via.

In questo modo alla fine risulterà una banconota in più, e tutte le banconote saranno due millimetri più corte di una vera.

Nell'immagine sotto si riporta l'esempio con n=3. Ovviamente nessuno accetterebbe una banconota così evidentemente mancante di un pezzo, però al salire di 'n' è sempre più semplice cadere nell'errore. In linea di massima la larghezza della strisciolina dovrebbe essere un paio di millimetri e bisognerebbe tagliare sempre per intero una cifra del numero di serie.

Come detto, la tecnica era utilizzata per lo più su banconote di piccolo taglio. Se da un lato nessuno accetterebbe una 500 Euro tagliata, una 5 Euro o una 10 Euro magari è più semplice da smerciare. Inoltre le banconote di piccolo taglio sono in genere più rovinate, e questo permette di giustificare il taglio come uno strappo accidentale avvenuto nel portafogli.

Le banconote così realizzate sono "quasi" false, nel senso che da un controllo alla filigrana o all'ologramma (se questo è integro) risulterebbero buone. Sono invece totalmente false nei confronti della legge.

Naturalmente dato che le strisce non devono necessariamente essere tutte della stessa larghezza, con un po' di dimestichezza è possibile far si che filigrana e ologramma restino sempre integri. Questo è il motivo per cui oltre a questi indicatori, il suggerimento è sempre quello di controllare la larghezza della banconota nel caso questa non sia integra. E se non si ha un metro in tasca o non ci si ricorda della larghezza nominale, è buona norma confrontarla con una dello stesso taglio.

Vi siete mai chiesti perché negli anni 90' circolavano tante diecimila lire con lo scotch al centro? Ecco, magari non tutte, ma alcune di quelle banconote erano "un po' troppo corte".

In questo caso la truffa è perpetrata carpendo la buona fede della vittima. Sebbene infatti essa noti un evidente problema nella banconota, da un lato il piccolo taglio e quindi il basso rischio, dall'altro l'imbarazzo di rischiare di offendere chi ce la offre, la banconota stessa viene solitamente accettata senza controbattere. Non bisogna inoltre trascurare il fatto che a causa della scarsa informazione la maggior parte delle persone con il dubbio di aver in mano una banconota falsa non ha idea di cosa fare, a chi rivolgersi e di quale sia l'iter successivo.

Schema di Ponzi

Un investimento sicuro

Buongiorno, sono Roberto, responsabile investitori privati per la B&B, Bulls & Bears market surveillance. Non voglio dilungarmi, ma solo informarla che secondo le nostre stime di questa settimana ci sarà un significativo rialzo per la ACME S.p.A. quotata alla borsa di Milano. Le suggeriamo quindi di acquistare non oltre i 10.25 Euro investendo non oltre il 5% del Suo capitale.
Se necessita delucidazioni può contattarmi ai riferimenti che trova in firma.

Laura cestinò l'email. Riceveva ogni giorno mail di spam di questo tipo. Proposte di guadagni integrativi, vincite milionarie, ecc. Però a pensarci bene questa era diversa. Non si chiedevano soldi, ma veniva suggerito un investimento che avrebbe potuto fare anche autonomamente, presso la propria banca. Decise quindi, quasi per curiosità, di segnarsi su un post-it "ACME, 10.25", per poi dimenticarsene immediatamente, come si fa per le cose prive di importanza.

Qualche giorno dopo, accendendo il computer, l'occhio le cadde su quel post-it. In modo naturale, quasi automaticamente, decise di aprire il browser internet ed andare a vedere questa ACME S.p.A. Valeva 11.3 Euro.

Il titolo aveva effettivamente guadagnato oltre il 10% in menc di una settima-na. Laura provò una sensazione di stizza, non maggiore di quella che avrebbe provato constatando la vincita del biglietto della lotteria immediatamente successivo a quello da lei acquistato, magari mentre ne stava ancora grattando la superficie per scoprirne i numeri nascosti.

Un paio di settimane dopo una nuova email.

Buongiorno, sono ancora Roberto, responsabile investitori privati per la B&B, Bulls & Bears market surveillance. Spero abbia sfruttato il previsto rialzo di ACME S.p.A. Questa settimana le nostre stime prevedono un ribasso significativo per la Kanemitsu S.p.A. Le suggeriamo di attendere un valore sotto i 3.47 Euro e successivamente acquistare per non oltre il 4.5% del Suo capitale.
Se necessita delucidazioni può contattarmi ai riferimenti che trova in firma.

Laura questa volta conservò l'email e scrisse un nuovo post-it. Controllò tutti i giorni l'andamento della Kanemitsu S.p.A. e dopo una settimana il valore era effettivamente sceso del 13%.

Questo Roberto ormai le frullava in testa. Non avrebbe risposto alle mail, ma due su due è difficile possa essere un caso. Del resto Laura aveva già in passato osservato il mercato e sapeva che una variazione al di sotto del 5% può essere una oscillazione fisiologica, ma al di sopra del 10% è molto difficile possa essere un puro caso. Eppure non aveva mai trovato il coraggio di operare direttamente acquistando e vendendo azioni.

Passarono circa tre settimane quando finalmente ricevette una terza email:

Buongiorno, sono ancora Roberto, responsabile investitori privati per la B&B, Bulls & Bears market surveillance. Spero abbia sfruttato il previsto ribasso di Kanemitsu S.p.A. Se così non fosse probabilmente potrebbe essere interessata allo sviluppo di un piano di investimenti personalizzato. Si senta libera di contattarmi ai riferimenti che trova in firma.

Questa volta Laura non esitò e un po' per gioco, un po' per curiosità decise di rispondere alla mail. La risposta di Roberto fu rapida e professionale. Si sentirono telefonicamente e le fece un dettagliato profilo di propensione al rischio. Decisero insieme di iniziare con una piccola cifra, duemila euro, da versare su un conto corrente mediante bonifico.

Laura quei soldi non li rivide mai più.

***

Riceviamo quotidianamente mail da sedicenti trader professionisti. Sono per lo più comunicazioni sgrammaticate la cui plausibilità è davvero infima. Non sono schemi di Ponzi, sono truffe di tipo diverso che analizzeremo qualche pagina più avanti. E anzi come vedremo il fatto che sono sgrammaticate fa parte della truffa. Qui però la storia è diversa. Roberto sta eseguendo un seppur elementare *schema di Ponzi*.

Roberto ha eseguito uno schema molto semplice. Ha scelto due azioni molto volatili, ovvero tali per cui è probabile che subiscano forti oscillazioni al rialzo o al ribasso in brevi periodi di tempo. Partendo da un grosso numero di contatti, facciamo un milione, nella prima mail avrà "previsto" per 500.000 un rialzo, e per i restanti 500.000 un ribasso. Siccome la ACME S.p.A. ha avuto effettivamente un rialzo, Roberto avrà scritto una seconda mail solo ai primi 500.000, prevedendo per i primi 250.000 un rialzo della Kanemitsu S.p.A. ed ai restanti 250.000 un ribasso. Laura per puro caso faceva parte di questo ultimo sfortunato gruppo in cui entrambe le previsioni si erano magicamente avverate. Se in tale gruppo fossero presenti anche solo lo 0.1% (l'uno per mille!) di persone come Laura, Roberto avrebbe guadagnato in poco più di un mese la bellezza di **mezzo milione di euro**.

Lo *schema di Ponzi* è una truffa perpetrata per la prima volta su larga scala da Charles Ponzi, anche se in realtà non fu inventata da lui ed ha radici molto più antiche. Chiamata anche *truffa piramidale*, nella versione più completa consiste nel promettere grossi guadagni spiegando complesse e fumose tecniche commerciali o finanziarie. Nella stragrande maggioranza dei casi per gli schemi di Ponzi vengono utilizzati investimenti finanziari, dove la gente subisce il fascino perverso di un mondo oscuro, e preferisce rischiare i propri soldi piuttosto che ammettere di non aver capito bene come funzionano i meccanismi che ci sono sotto. Le persone inserite in questo giro investono del denaro, di solito cifre abbastanza modeste, ed in alcuni casi possono realmente vedere raddoppiare in breve il proprio capitale. La voce si diffonde in maniera abbastanza rapida e sempre più investitori si rivolgono al gestore del fondo di investimento, ovvero il truffatore.

L'imbroglio gira appunto intorno al fatto che il truffatore si vede arrivare del danaro in quantità sempre maggiore e distanziata nel tempo. Un flusso di danaro *piramidale* appunto, gli consente di utilizzare le quote versate in un dato istante per rimborsare il capitale remunerato con forti interessi agli investitori del giro precedente. In questo modo ad ogni ciclo il numero di investitori aumenta, la piramide si allarga, fino al punto in cui il truffatore decide di "capitalizzare". Raccoglie tutti gli investimenti dell'ultimo rigo della piramide e sparisce nel nulla.

Dal punto di vista psicologico lo schema di Ponzi si basa sull'ingordigia e l'invidia delle persone. I primi contattati continueranno ad investire sempre di più per ingordigia, gli altri per invidia vorranno anche loro partecipare al gioco dei ricchi, spartirsi la torta, fino a rimanere pesantemente scottati. La truffa ha sempre funzionato bene perché l'ingordigia e l'invidia rendono l'uomo cieco a qualsiasi ragionamento razionale. Ad esempio, nel cosiddetto *marketing piramidale* qui di seguito descritto (che nella maggior parte dei casi *non* è una truffa, dipende da come lo si realizza), il fatto che il modello di marketing non sia sostenibile è di una evidenza plateale, eppure continua a mietere vittime quotidianamente.

Esistono svariate sfumature di schema di Ponzi, alcune versioni risultano perfino legali. Il cosiddetto "marketing piramidale" ad esempio è perfettamente legale ed è un modello di vendite **non sostenibile**, su cui si basano molti marchi venduti porta a porta. Di solito i prodotti trattati sono di qualità medio alta e sono venduti in maniera esclusiva. Esiste un ufficio centrale e poi c'è la forza vendite; ciascun venditore guadagna sia sui prodotti venduti, sia una percentuale sui venditori da esso affiliati. E' piuttosto evidente che più in alto si va nella piramide, più i guadagni sono ingenti.

Chi entra nella struttura tipicamente inizia a vendere ad amici e parenti, i quali sono disposti a comprare questi prodotti pur di aiutare il ragazzino al suo primo lavoro. Pur avendo acquistato prodotti non strettamente necessari, la qualità intrinseca del prodotto porta queste persone a non pentirsi dell'acquisto; è appunto questo il motivo per cui i prodotti venduti con marketing piramidale devono essere di qualità medio alta, altrimenti alla prima raffica di denunce crollerebbe tutta la struttura.

Esaurito il bacino d'utenza di amici ed parenti, la maggior parte dei venditori lascia la struttura. Solo alcuni più scaltri riescono ad andare avanti con le vendite. Naturalmente, come detto, per pensare di potersi guadagnare da vivere con questo sistema è necessario essere nei piani alti della piramide. Quelli di sotto infatti alimentano quasi esclusivamente i piani di sopra, trattenendo per sé ben pochi guadagni. Questo è il motivo per cui strumenti psicologici molto utilizzati in tutti gli schemi piramidali sono i cosiddetti "incontri motivazionali". Data l'impossibilità di nutrire in modo soddisfacente il portafogli di tutti i venditori, viene nutrita e spesso infiammata la loro autostima, il loro ego.

Partecipare ad un incontro motivazionale è un'esperienza da fare almeno una volta nella vita. Sono incontri organizzati da psicologi, in cui ogni suono, ogni colore, ogni singola parola ha un suo perché. Durante questi incontri le anime dei venditori delle file più basse della piramide vengono infiammati. Viene mostrata loro la grandezza del gruppo a cui appartengono, vengono fatti sfilare i colleghi delle righe più alte al cui livello di carriera, loro, se sufficientemente ambiziosi, possono tendere. Insomma vengono convinti del fatto che vendere un integratore di aminoacidi alla nonna è una cosa di cui andare fieri, e inoltre è quella la via giusta per raggiungere il successo, personale ed aziendale.

Tempo fa, quando ne avevo occasione, mi intrufolavo in questi incontri che mi hanno sempre appassionato. Un giorno venni preso sotto braccio da un venditore che voleva affiliarmi. Mi disse *"puoi lavorare poche ore al giorno, ed in un anno puoi arrivare anche a lasciare il tuo lavoro"*. Gli risposi *"guardi, che io sono ingegnere..."* (non volevo dire *"sono ingegnere, quindi non mi abbasso a fare questo lavoro"*, non mi sarei mai permesso. Se mi avesse fatto finire avrei detto *"sono ingegnere, quindi non ho potuto fare a meno di individuare almeno cinque errori grossolani in quei numeri proiettati sulla parete"*). La repentina e probabilmente preparata risposta fu: *"Ma si, abbiamo anche tanti ingegneri, medici, avvocati, tra i nostri venditori"*. Ebbi solo la forza di rispondergli *"guardi, ho studiato cinque anni per fare l'ingegnere, non ho voglia di buttare tutto via"*.

Verso la fine degli anni 80' gli schemi di marketing piramidale subirono una profonda revisione. La diffusione era forte, anche per via del boom economico, e ci si rese presto conto che se ciascun venditore ha la possibilità di affiliare un numero qualsiasi di persone, il numero di affiliati tende a crescere come una progressione geometrica, e rischia di saturare in breve tempo la domanda. Nel momento in cui l'offerta diventa eccessiva rispetto alla domanda, i venditori non riescono a trovare più compratori, e se questo avviene per file intere della piramide, non è più possibile sollevare il morale mediante gli incontri motivazionali. In questo modo la struttura rischia di implodere molto rapidamente lasciando a secco le file superiori.

Lo scopo è quello di mantenere gli introiti delle prime righe più o meno invariato, senza però aumentare eccessivamente il numero di venditori. Quindi, visto che ogni riga carica i propri interessi su tutte le precedenti, è necessario ridurre la larghezza delle righe ed aumentarne il numero, l'altezza quindi della piramide. Per fare questo sono state implementate due tecniche principali:

1. imporre un limite massimo di affiliati per ciascun venditore;

2. spiegare ai venditori che *"tutto il sistema si basa su prodotti esclusivi di altissima qualità. E' strettamente necessario che il venditore sia consapevole del potenziale del prodotto che va a proporre, e per poterlo fare seriamente deve necessariamente provarlo di persona"*.

Il secondo punto in particolare serve a far si che ciascun venditore diventi allo stesso tempo anche un acquirente, semplicemente imponendogli l'acquisto del *"kit di benvenuto"*, ovvero una selezione di prodotti da acquistare a prezzo pieno o con sconti minimi, e da consumare personalmente ove possibile. Di conseguenza all'aumentare dell'offerta, aumenta forzatamente di pari passo anche la domanda.

Sebbene venga alimentato con dinamiche poco etiche, tuttavia il *marketing multilivello* non è in genere una truffa. La solidità dell'azienda e il valore dei beni prodotti sono indipendenti dalla politica di marketing utilizzata. Di solito, come detto, vengono commercializzati prodotti di qualità medio alta. Per quanto riguarda il concetto di "truffa" legato al marketing multilivello, secondo la legge italiana solo due cose sono vietate:

1. guadagnare esclusivamente affiliando altri venditori, ovvero il venditore deve comunque anche fare del lavoro commerciale attivo;

2. l'azienda non può richiedere pagamenti considerevoli per accettare un nuovo adepto, o per concedergli di uscire dalla struttura.

Nigeriana

John

Canada, Luglio 2007, John riceve una strana email. Un avvocato lo informa che David Rempel, un magnate morto negli attentati di Londra del 2005, dove morirono oltre 52 persone, aveva lasciato un testamento molto particolare. David non aveva parenti ed il suo più grande desiderio era lasciare la sua eredità, 12.8 milioni di Dollari Canadesi (poco meno di 8 milioni di euro), a qualcuno che facesse Rempel di cognome.

John Rempel rimane fulminato, ma in fondo pensa "sembra tutto a posto" e decide di telefonare.

L'avvocato si mostra molto cordiale, ma soprattutto molto contento di aver trovato finalmente, dopo tante ricerche, un *Rempel* disposto a contattarlo. Dice a John "*che Dio ti benedica*" e lo informa che ci sono delle spese da anticipare per il trasferimento del denaro, 2.500 Dollari Canadesi. Lo avvisa anche che in un secondo momento andranno versati altri soldi per la gestione notarile del testamento, e che alcuni documenti possono costare anche 5.000 Dollari. Poca cosa comunque rispetto all'eredità.

Per questioni di tracciabilità dei movimenti bancari a John viene richiesto di aprire un conto in una banca londinese che avrebbe semplificato i trasferimenti. Era una richiesta normale per cifre di quella entità, e l'apertura del conto richiedeva un versamento minimo di 5000 Dollari. Appena il deposito sarebbe stato registrato, una parte dei soldi dell'eredità sarebbero immediatamente stati trasferiti in custodia nel nuovo conto a suo nome.

Effettivamente dopo qualche giorno riceve, sempre dall'avvocato, una mail con un estratto conto in cui si mostra il deposito di parte dell'eredità sul conto. Un colpo davvero fortunato per un ragazzo di soli 22 anni. John aveva capito che per mettere le mani su quell'eredità avrebbe dovuto sborsare un po' di soldi ed attendere qualche mese, però la cifra era davvero considerevole, ne valeva la pena, l'avrebbe potuta utilizzare per mettere su un giro con il quale vivere di rendita per il resto dei suoi giorni. John era al settimo cielo.

Dopo qualche altro giorno trova nella posta elettronica una ulteriore email. Questa volta è di un ufficio governativo che lo informa di avere a suo carico un verbale per l'evasione di tasse di successione; un debito col fisco di ben 250.000 Dollari. John ci rimane davvero male, vuole contattare l'ufficio delle imposte, ma non sapendo bene come muoversi, trattandosi inoltre di un paese straniero, decide di contattare l'avvocato di cui ormai si fida per avere delucidazioni. Purtroppo l'avvocato non ne sa molto, si scusa in modo teatrale in quanto si ritiene parzialmente responsabile per non averlo avvisato in modo esplicito che in ogni caso una eredità prevede il pagamento di alcune tasse, e quindi si offre di intercedere con il Fisco per cercare di chiarire l'equivoco e tentare di trovare qualche tipo di soluzione.

Le competenze legali nonché il buon nome dell'avvocato infatti riescono a chiarire l'equivoco. Grazie ad alcune conoscenze riesce ad ottenere l'annullamento della multa e quindi John deve pagare solo i 25.000 Dollari di tasse senza alcun aggravio. John è soddisfatto del lavoro svolto dal suo avvocato di fiducia, ma venticinquemila Dollari sono una cifra importante che lui non possiede. Quello di cui invece dispone è uno zio. Uno zio con una piccola fattoria in Messico ed un po' di soldi da parte. Lo contatta immediatamente e dopo qualche giorno si trova su un volo per il Messico. Lo zio acconsente al prestito dei venticinquemila, ma non prima di averlo messo in guardia da eventuali truffe. Riesce infatti a convincerlo a non inviare denaro in modo elettronico, ma a recarsi fisicamente a Londra per incontrare l'avvocato ed i suoi collaboratori e sincerarsi della regolarità di tutta l'operazione. Gli fa quindi il biglietto dell'aereo per Londra, gli dà 10.000 Dollari in contanti e si rende disponibile al trasferimento di altri 25.000 Dollari quando John sarebbe stato lì a verificare di persona tutta la faccenda.

John arriva finalmente a Londra. Deciso e determinato ad andare fino in fondo alla faccenda, ma tutto sommato fiducioso in quanto più di una volta questa storia dell'eredità gli era sembrata regolare. Già all'aeroporto incontra alcune persone. Non l'avvocato, ma alcuni suoi collaboratori che gli mostrano una ventiquattrore. La valigetta contiene 10.6 milioni di dollari in mazzette di banconote. Ne estraggono una e la mostrano a John. Ha uno strano timbro e gli dicono che le banconote sono state "annullate" con questo timbro per evitare furti. E' una misura di sicurezza che i governi adottano quando grosse cifre devono essere trasferite in contanti. I collaboratori dell'avvocato mostrano a John anche uno strano liquido usato appunto dai governi per rendere le banconote nuovamente di corso legale. Fanno la prova su una banconota ed il timbro si dissolve. I soldi sono suoi, quella è la sua eredità, ma è necessario "ripulirli" perché se un libero cittadino viene beccato con banconote *annullato* rischia grosso. John non può crederci: *"questi soldi sono miei?"* dice, e riceve in risposta *"Certo signore"*. E' tranquillo ora, i soldi esistono veramente e i due uomini sono molto professionali e gentili. Consegna quindi i 10.000 Dollari in contanti ai due uomini e prende appuntamento per il giorno seguente quando, gli dicono, avrebbero consegnato i soldi resi nuovamente legali. Per fugare possibili dubbi sulla loro buona fede decidono di consegnare un flacone con parte del liquido a John, il quale torna tranquillo nella sua camera d'albergo. Purtroppo durante il tragitto il flacone cade a terra e si rompe. Tanto per peggiorare la situazione il giorno dopo i due soci non si fanno vedere e John, sconsolato e disperato fa ritorno in Canada, a casa, senza soldi, senza eredità e senza più fiducia in tutta quella faccenda.

Trascorre ancora una settimana durante la quale John rimugina su quanto accaduto e si chiede come può fare ad essere stato così stupido da credere a quegli uomini. Eppure l'avvocato sembrava una persona degna di fiducia, la storia sembrava credibile. Ora il suo pensiero era focalizzato sui debiti; era rimasto senza denaro, come avrebbe fatto a restituire i soldi allo zio?

Passata la settimana il suo telefono squilla di nuovo; sono i collaboratori dell'avvocato. John risponde in modo secco, ma in cuor suo ha voglia di credere ancora a tutta la storia, perché se fosse vera vorrebbe dire che non è finanziariamente rovinato e non deve trovare un modo per estinguere i propri debiti. Dall'altro capo del telefono uno dei due uomini risponde in modo altrettanto asciutto. L'avevano aspettato in albergo dove per un equivoco non si erano incontrati, avevano ripulito un terzo del denaro che potevano già consegnargli, ma non avrebbero potuto farlo con un deposito sul conto corrente, gli avrebbero consegnato i contanti. Per ripulire il resto delle banconote però serve quell'altro liquido che avevano consegnato a John. Ma John, purtroppo, non l'ha più. Trovarne altro non è facile perché è usato solo dalle Zecche di Stato, tuttavia loro hanno diversi contatti in giro per il mondo e possono provare ad ottenere un nuovo flacone. Servono 6.000 Dollari a persona per i biglietti aerei per lanciarsi in questa nuova avventura intorno al mondo e riuscire a trovare l'introvabile formula.

Finalmente John viene nuovamente contattato. C'è un ragazzo in Nigeria che dispone di una certa quantità di questo liquido; il flacone costa 120.000 Dollari e loro erano riusciti a racimolarne già 100.000. Servono gli altri 20.000 Dollari per concludere la transazione. C'era un contatto che era riuscito a recuperare altri 15.000 Dollari, ma ne mancavano ancora 5.000 per concludere. I soci pregarono John di anticiparli per accelerare la trattativa. Dopo lo sfortunato viaggio a Londra John non aveva più ricevuto i soldi dello zio, decide quindi di chiedere un prestito ai genitori e, essendo rimasto completamente senza soldi, smettere di pagare le rate dell'auto ed i conti della carta di credito. *"Sarà solo per un breve periodo"* pensa, *"quando metterò finalmente le mani sui soldi dell'eredità riuscirò a rimborsare tutti i miei debiti"*. Si sentiva come la tartaruga che non riesce a raggiungere la lattuga. E' lì, davanti ai suoi occhi, ma ogni passo che compie essa si allontana di un passo, continuando ad ondeggiare invitante e rimanendo apparentemente a portata di mano. John riesce ad ottenere il prestito e sborsa questi altri 5.000 maledicendo il momento in cui quel dannato flacone gli era scivolato di mano.

Ancora una settimana di buio, poi i soci chiamano di nuovo. Hanno finalmente "smacchiato" tutti i soldi e sono pronti a spedirli. John sa di doversi sentire felice, eppure nel suo animo ormai c'è qualcosa di pesante, qualcosa che non gli consente di dormire sereno. Si sente schiacciato, come se fosse finito in un vicolo cieco sapendo di avere i nemici alle calcagna. I soldi vanno spediti, ci vogliono ulteriori 6.900 Dollari per spese di viaggio e noleggio furgoni. John invia anche questi soldi sperando siano finalmente gli ultimi. Lo fa senza ragionarci più su, quasi d'istinto, quasi per inerzia. Ormai ha speso tanti e tanti di quei soldi che seimilanovecento Dollari in più gli sembrano un'inezia, tanto più che li ha già in mano perché ricevuti in prestito. E poi i soci glielo assicurano, sono gli ultimi, servono a mettere i soldi in viaggio verso il Canada.

Purtroppo John ed i suoi soci hanno evidentemente una grossa dose di sfortuna perché questi ultimi vengono fermati all'aeroporto di New York dalla Sicurezza. La Polizia trova i soldi, almeno questo è quello che raccontano a John, e li sequestrano. Nessun problema ovviamente, l'eredità è una faccenda legale, ma si sa, tutti quei contanti, le operazioni di verifica della Polizia possono durare a lungo, anche diversi mesi. Esiste una scorciatoia, certo un po' costosa; 12.500 Dollari ed è possibile oliare adeguatamente gli agenti affinché chiudano un occhio. John fa un ultimo tentativo disperato, si mette in viaggio per l'aeroporto con al seguito i suoi genitori ed il fratellino di dieci anni. Se ci fosse qualcosa di vero in tutta questa storia è certo di poter parlare con la sicurezza aeroportuale, spiegare tutto, risolvere in qualche modo. Ma soprattutto il viaggio serve a sincerarsi dell'esistenza di una valigia piena dei suoi soldi, bloccata in qualche angusta stanza, sequestrata da poliziotti ignari di tutta la faccenda.

John in aeroporto non trova nessuno. Non ha più soldi, non ha più energia e soprattutto, finalmente, non ha più fiducia. Decide quindi di recarsi alla Polizia e denunciare tutto.

Fino a quel momento aveva sborsato a vario titolo, tra soldi inviati, spese personali e per viaggi, i 55.000 Dollari dello zio in Messico, 60.000 dei genitori e 35.000 suoi per un totale di 150.000 Dollari, ovvero circa 90.000 Euro. Quando si presentò al commissariato per la denuncia ebbe solo la forza di dire, riferendosi ai genitori che lo avevano accompagnato:

"Sono qui per colpa mia. Se non fosse stato per me nessuno sarebbe finito in questo casino. Pensate che le cose finiscano per il meglio, ma non è così. Ci si sente davvero male. Avevo tanti amici. Non ho ricevuto più alcuna telefonata da loro. Sa, ormai ho una cattiva reputazione. In cuor mio avevo veramente pensato che fosse tutto vero."

Purtroppo la Polizia non potè far altro che dirgli che quel tipo di truffa è molto comune e che quasi mai i soldi vengono recuperati.

***

Una storia un po' troppo caricata? Forse può apparire talmente assurda che nessuno dotato di raziocinio avrebbe potuto abboccare? Eppure quella appena raccontata è la vera storia di *John Rempel*, un giovane di Leamington (Ontario, Canada) che ad appena ventidue anni fu contattato da un sedicente avvocato per il riscatto di una grossa eredità.

John Rempel è uno dei truffati più famosi del mondo. La sua storia fu raccontata dal *Windsor Star*; dopo essersi praticamente rovinato, ha trovato la forza di denunciare il tutto alla Polizia. Questo è forse il punto più importante della storia proprio perché denunciare, anche se nel suo caso non è servito a recuperare il bottino, è certamente servito a far conoscere al mondo intero i dettagli di questa truffa, ed ha fatto conoscere i meccanismi che se letti in un libro possono facilmente lasciar sorridere pensando *"a me non può capitare"*, ma a conti fatti poi succede, e succede anche a persone insospettabili. Capita a persone con livelli di scolarizzazione anche alti, persone di successo, non stupide e certo non ingenue. Molto spesso sono donne o uomini d'affari, con un alto livello di scolarizzazione. Non sono degli ingenui, semplicemente scorgono una opportunità, si sentono eccitati e decidono di sfruttarla. Lo so, leggendo queste parole è difficile riuscire a crederci, ma le statistiche parlano chiaro, e questa convinzione di immunità che stai provando leggendo queste righe è esattamente il meccanismo per cui la truffa funziona.

Leggendo la storia di John quello che viene subito da pensare è perché i truffatori, almeno all'inizio, non hanno cercato una storia più credibile? Perché un magnate senza famiglia che vuole lasciare l'eredità ad uno sconosciuto? E perché una cifra così considerevole? Questa è appunto una caratteristica tipica di questo tipo di truffe, dette *"alla Nigeriana"*. Una volta gettata l'esca una storia più credibile avrebbe aumentato il numero di vittime potenziali, con il rischio che una di queste, mangiata la foglia, si sarebbe potuta rivolgere immediatamente alle autorità. Una vittima piuttosto insidiosa quella che verifica ogni informazione, no? Invece gettando un'esca evidentemente posticcia, una proposta così assurda, si ha la certezza che chi abbocca potrà poi essere spellato, ed è molto difficile che opporrà resistenza.

La cosiddetta truffa alla Nigeriana è un gioiello di ingegneria sociale. Si contano centinaia di versioni e sfumature, tutte incentrate sul medesimo meccanismo. La storia è semplice, qualcuno ha vinto una grossa somma ma ha bisogno del vostro aiuto per ritirarla e vi offre una parte della vincita. Oppure siete ereditari di un lontano parente morto senza discendenti, oppure ancora dei soldi sono bloccati da cavilli burocratici, la vostra posizione di cittadino estero può essere sfruttata per sbloccarli ed il proprietario sarebbe disposto a cedervene una percentuale.

La "somma" poi non deve necessariamente essere monetaria. In alcuni casi esiste semplicemente un guadagno morale o intellettuale più o meno lecito. La truffa si basa quasi sempre sull'avidità umana. Gli ingredienti sono in ogni occasione più o meno gli stessi, ovvero qualcosa di grosso valore, la finta autorità del truffatore (in genere un avvocato o un notaio), spesso la presenza di un compare altrettanto autorevole (polizia, dogana, ecc.) in modo da poter fare il gioco del poliziotto buono e quello cattivo. Spesso l'affare viene presentato come un piccolo illecito; non c'è nulla da temere, lo fanno tutti e non c'è motivo di non adottare certi metodi per spartirsi la torta dei vincenti. Questo da un lato fomenta ancor di più l'ingordigia della vittima, e dall'altro rende sconsigliabile il rivolgersi alle autorità. Come detto, un altro ingrediente classico ed onnipresente è l'assurdità della proposta. Non vi dicono che avete vinto mille euro o diecimila euro, bensì svariati milioni. Questo aspetto è cruciale; serve a scremare gli scettici; chi abbocca infatti è più manovrabile, non si renderà conto di nulla fino alla fine.

Prima dell'era di internet questa truffa era piuttosto costosa e lenta, bisognava presentarsi di persona, spendere in viaggi, abbigliamento, alberghi, ecc. Con internet invece il lavoro dei truffatori si è semplificato di molto. Basta gettare esche, decine di migliaia di esche, e per la legge dei grandi numeri qualcuno abboccherà. Inoltre l'assurdità delle situazioni proposte mette le vittime nelle condizioni di auto-selezionarsi: le persone che rispondono sono le più idonee ad essere truffate.

Nella storia appena raccontata si vede molto chiara la struttura di questa tipologia di truffa. La corretta selezione del truffato, il fomentare e successivamente sfruttare la sua avidità ed ingordigia, la scarsa conoscenza da parte delle vittime delle tecniche truffaldine, consentono di portare via alla gente gran parte dei loro guadagni. I soldi vengono richiesti poco per volta, la pressione psicologica viene mantenuta alta, il guadagno irraggiungibile appare sempre più vicino.

Le vittime più semplici da portare fino in fondo sono certamente gli sprovveduti, ma dal punto di vista psicologico c'è un'altra categoria estremamente vulnerabile. Sono le persone affette dalle cosiddette "ludopatie", le malattie del gioco. *Ludopatia* è la situazione che spinge ad inserire una monetina dietro l'altra nella *slot machine* pur sapendo benissimo che non è possibile vincere; oppure quel blocco che non ci consente di abbandonare il tavolo verde neanche quando davvero siamo nei guai con i debiti; oppure ancora che ci fa puntare alla roulette perché il prossimo giro è certamente quello fortunato, e poi il successivo e poi quello dopo ancora. Questo tipo di polarizzazione psicologica è oggi finalmente considerata una vera e propria patologia. C'è chi è costantemente alla spasmodica ricerca di adrenalina facendo ad esempio *bungee jumping*, e chi invece ha bisogno del gioco, del tavolo verde. Il ludopatico sente la necessità di spingersi oltre il rischio, di intravedere la fortuna senza tuttavia riuscire mai a raggiungerla. La crescente pressione psicologica di una truffa alla nigeriana, in soggetti ludopatici, consente il rilascio di quella stessa adrenalina che non permette loro di vedere lucidamente la situazione.

Il nome *"alla nigeriana"* deriva dal fatto che i primi a tentare questo tipo di truffa erano appunto residenti in Nigeria. In tale paese la truffa è talmente radicata che esiste una legge specifica che la vieta e ne regolamenta le pene. La legge è la numero 419, da cui l'altro nome di questa truffa *"419 scam"*. Ad oggi, contrariamente al buonsenso comune, molto spesso questi truffatori continuano a spacciarsi per residenti in Nigeria, ed il motivo è molto semplice. Se la vittima riesce a collegare la Nigeria a questo tipo di truffa, vuol dire che è a conoscenza della tecnica, quindi è meglio che esca autonomamente dalla cerchia delle potenziali vittime.

Un importante *cameo* alla truffa alla nigeriana è presente perfino in *"Totò Truffa '62"*, un film del 1961 di Camillo Mastrocinque, con Antonio de Curtis. In diversi episodi di questo film i protagonisti, i due truffatori Antonio e Camillo, tentano svariati raggiri. In una di queste, forse la più conosciuta, tentano di vendere la fontana di Trevi spacciandola per una proprietà privata di un ricco possidente caduto in disgrazia, mentre in un altro episodio i due protagonisti, camuffati da ambasciatori di un piccolo stato africano, comunicano ad un malcapitato di avere in gestione una ricca eredità lasciata da un suo parente, ma che è necessario pagare anticipatamente alcune pratiche burocratiche per poterla sbloccare.

L'atteggiamento mentale della vittima è ben descritto da David W. Maurer nel libro *"The Big Con: The story of the Confidence Man"*:

Quando la brama di grossi e facili guadagni è alimentata da una fiamma bollente, la vittima si butta alle spalle qualsiasi scrupolo. Chiude il conto in banca, liquida tutte le proprietà, chiede prestiti agli amici e sottrae soldi al datore di lavoro ed ai clienti. Nella folle smania di fregare qualcuno non si rende conto di essere egli stesso la vittima, accuratamente selezionata

*ed oliata per agire in quel modo. In questo modo nasce la ben nota ma non
per questo meno saggia massima "non si può imbrogliare un uomo onesto"*

I tentativi di truffa hanno quasi tutti origine in Nigeria. Ci sono svariati casi
di tentativi locali un po' in tutto il mondo, ma in genere hanno scarsi risultati
sia come numero di vittime, sia come volumi economici truffati. Il Governo
nigeriano nel disperato tentativo di arginare questo fenomeno e l'immagine
negativa del paese ad esso collegato, ha istituito la *EFCC*, *"Economic and
Financial Crimes Commission"*, una apposita commissione di sorveglianza per
questa tipologia di crimini.

Una pubblicazione dell'U.S. State Department spiega l'origine dello schema
di questa truffa che ha visto la luce verso la metà del 1980. E' infatti di questo
periodo un forte crollo dei prezzi del petrolio che generarono in Nigeria una forte
agitazione. Alcune persone di medio-alto livello culturale, in grado di parlare
inglese si trovarono a rischiare la perdita del proprio status sociale a causa della
diffusa povertà nonché della corruzione degli enti governativi. Questo clima pose
in pochi anni le condizioni per lo sviluppo di una cultura misantropa e violenta.
Violenza economica, come quella subita dai Governi e dalle pilotate congiunture
economiche, che si è riversata su vittime di tutto il mondo. Quasi mai infatti
questo tipo di truffe sfocia in violenze fisiche come rapimenti o omicidi, che
pur essendo avvenuti in casi molto rari, sono l'effetto di situazioni complesse
sfuggite di mano, più che premeditazione da parte dei criminali.

Se da un lato quindi abbiamo visto l'origine ed il dettaglio dello stato mentale
del truffatore, è importante capire anche il tipo di danno che questo produce
nella vittima. Chi cade infatti in queste trappole non ne esce quasi mai indenne.
Nella maggior parte dei casi ci si trova prosciugati tutti i risparmi di una vita,
ed i debiti contratti per far fronte alle continue richieste dei truffatori possono
compromettere seriamente la stabilità economica sia delle vittime stesse, sia
delle loro famiglie. Si contano numerosi casi in cui il livello di stress raggiunto e
la scelta non condivisa di rendere pubblica o meno la storia, hanno portato alla
fine di matrimoni. Inoltre non è da sottovalutare che solitamente nella vittima
viene seriamente compromessa la capacità di fidarsi del prossimo, effetto questo
che può avere ripercussioni molto serie sui rapporti sociali dei malcapitati.

Esistono molte vittime famose. Persone che hanno denunciato, pochi quelli
che hanno recuperato i soldi, almeno in parte. Ma la denuncia è importante;
è vero, ci si espone alla gogna mediatica che può risultare anche peggio della
truffa subita, ma pubblicare queste storie è diffondere la conoscenza del metodo,
è salvare centinaia di altre potenziali vittime.

E' la storia di *Janella Spears*, una ragazza dell'Oregon, una infermiera che è stata capace di perdere 400.000$ in una truffa durata anni. Lei voleva la sua eredità di circa venti milioni, e la prospettiva di un guadagno facile ha oscurato completamente la sua capacità di discernimento. Ha creduto davvero di ricevere una lettera dal Presidente Bush che le chiedeva aiuto, altrimenti quei soldi sarebbero finiti nelle mani dei terroristi. Insieme ai soldi, Janella ha perso l'auto, la casa, il marito, l'affidabilità creditizia e la capacità di credere nel prossimo. Aveva iniziato con 100$ per le spese di apertura della pratica. E' proprio lì il trucco, ed è arcinoto a tutti quelli che giocano in borsa. Se è relativamente facile ragionare su una maggiore o minore probabilità di guadagno, è invece estremamente difficile ripetere il medesimo ragionamento su una maggiore o minore probabilità di perdita. Janella probabilmente non considerava molto alta la probabilità di *guadagnare* una grossa cifra da quella operazione. Ma in fondo 100$ non sono una gran cifra, l'opportunità c'è, perché rischiare di perderla? Tuttavia dopo aver speso i primi 100$ l'aspetto psicologico della faccenda cambia completamente. Da un lato andando avanti c'è la remota possibilità di un guadagno, dall'altro fermandosi c'è la certezza di una perdita. Ed è qui che inizia un circolo vizioso in cui il disperato tentativo di recuperare i soldi già spesi porta a spenderne sempre di più. E maggiore è la perdita, maggiori saranno le cifre che si è disposti a sborsare per recuperarla; maggiore sarà la speranza che promesse evidentemente false possano tramutarsi in realtà. I trader professionisti utilizzano alcune tecniche per arginare i danni che questa naturale propensione psicologica può creare. La tecnica più comune è il cosiddetto *stop loss*, ovvero stabilire una perdita massima che si è disposti a subire, e fissarla nel momento in cui si acquista un titolo o comunque si entra in un mercato. Il trader vincente è colui che, una volta fissato lo stop loss, lo rispetta senza ripensamenti o tentativi di giustificare gli errori. Raggiunto il livello di stop la posizione va chiusa; il titolo va venduto in perdita senza sperare che in un prossimo futuro possa risalire.

Quella di *Nelson Tetsuo Sakaguchi* è certamente la più grossa truffa alla Nigeriana mai realizzata. 242 milioni di dollari che Sakaguchi, direttore del Banco Noroeste di San Paolo in Brasile, ha ceduto ad ignoti. Sakaguchi fu contattato a maggio del 1995 da *Emmanuel Odinigwe Nwude*, ex direttore della Banca di Nigeria. Gli fu richiesto un finanziamento per la costruzione del nuovo aeroporto di Abuja. L'appalto era abbastanza torbido, ed era quindi necessario trasferire i primi 190 milioni in un conto presso una banca offshore alle Isole Cayman. Sakaguchi sarebbe stato ricompensato con una "grossa commissione". Si sarebbe arricchito, certo, ma avrebbe anche fatto guadagnare un mucchio di soldi alla propria azienda. Non è noto il livello di buona fede di Sakaguchi, ma la truffa si è protratta per tre anni, fino a febbraio 1998 quando durante una sua vacanza alcuni controlli finanziari del Banco Noroeste misero in luce i movimenti, il falso contratto per la costruzione dell'aeroporto, e le autorizzazioni a firma del Direttore.

Sebbene come detto l'era di internet semplifichi di gran lunga la vita al truffatore, in realtà la truffa è nata molto prima, addirittura già dal sedicesimo secolo; prima ancora quindi del 1980 quando si delineò definitivamente come Nigeriana. Ne è un esempio molto famoso il cosiddetto *prigioniero spagnolo*. Si viene contattati da una persona che chiede aiuto per un suo parente. Un nobile spagnolo imprigionato sotto falsa identità e che rischia la tortura o la morte. Non può svelare la propria identità per il rischio di serie ripercussioni. E' necessario raccogliere dei soldi per farlo uscire di prigione, e dopo il nobile avrebbe "ringraziato" il gentile benefattore con un mucchio di soldi, nomine gentilizie o addirittura la mano della bellissima figlia. Il film del 1997 *"The Spanish Prisoner"* (titolo italiano *"Il Prigioniero"*) di David Mamet racconta una storia basata su questa truffa.

Una laurea in medicina

Un giorno, girovagando per i meandri della rete, mi imbattei in un sito internet. *"Meno Tasse"* era il suo nome, e ovviamente già il solo titolo deponeva bene.

In realtà navigando un po' sul sito non trovai metodi per risparmiare sulle tasse, bensì uno slogan:

"Laurearsi è stata per molto tempo un'impresa lunga e costosa. Presso l'Istituto Universitario con cui collaboriamo è invece facile ricevere una Laurea grazie alla legge che concede crediti formativi in base all'esperienza lavorativa pre-acquisita. Ciò consente, a chi dispone dell'esperienza in uno specifico settore, di vedersi riconosciuto immediatamente il Titolo di studio, senza la necessità di sostenere esami. La nostra Società può offrire un supporto completo fino al conseguimento del titolo di Laurea. Ci invii il suo Curriculum per ricevere GRATUITAMENTE una pre-valutazione sulle sue competenze. Se queste saranno adeguate le verrà comunicato quale Titolo di Laurea potrà ottenere.".

Sebbene esista effettivamente la cosiddetta "VAE", ovvero la *Valutazione dell'Esperienza Acquisita*, questa non è certo sufficiente all'ottenimento di un titolo di studio completo senza alcuna integrazione formativa di tipo accademico.

Dopo un po' di tentennamenti decisi di "abboccare". Ero cosciente del fatto che la storia puzzava già da miglia di distanza, ma decisi di fare un tentativo per studiare più da vicino quella che appariva come una truffa. La mia attività, in ogni caso sarebbe servita anche da *interposizione*, una tecnica che sarà meglio descritta nella sezione dedicata alla *truffa di Valentin*" e che in sostanza è un'azione di disturbo e di distrazione portata avanti da internauti navigati nei confronti dei truffatori, il cui effetto è quello di tutelare in modo indiretto le potenziali vittime.

Supponendo una discreta preparazione del potenziale truffatore decisi di tutelare la mia credibilità ed in poco meno di mezz'ora creai i profili Facebook, twitter e LinkedIN relativi ad un non più giovanissimo infermiere che lavora presso una casa di cura privata. Diplomato in scienze infermieristiche, ha all'attivo quindici anni di esperienza avendo lavorato in tre diverse strutture ospedaliere campane. Scelsi il significativo nome di Gabriele Baresi (le iniziali sono GAB-BARE) e l'ancor più significativa data di nascita del primo aprile 1982. Lo so, inserire chiavi di decodifica all'interno dei dati personali non è una mossa particolarmente furba, ma lasciate anche a me la possibilità di scremare truffatori particolarmente pericolosi.

Una volta creata l'identità fasulla, decisi di produrre un forte desiderio di cambiare lavoro inserendo su diversi forum alcuni messaggi relativi alla "mia" insoddisfazione professionale. Per inciso è molto importante notare come sia estremamente facile al giorno d'oggi creare, riciclare e distruggere identità fasulle del tutto credibili.

Dunque, Gabriele è un infermiere con un trascorso professionale brillante. Gli è capitato spesso di interagire con medici per la cura dei pazienti e sente di avere una discreta esperienza in materia, soprattutto in ortopedia, tanto che molti medici si fidano oramai delle sue scelte. Vorrebbe quindi sapere se possibile ricevere una laurea in Medicina e Chirurgia.

Perché proprio una laurea in Medicina? Perché non Economia o Lettere? Nel mio immaginario la laurea in Medicina dovrebbe essere quella più "delicata", e visto che la Nigeriana ha per sua natura caratteristiche iperboliche decido di seguire lo schema classico e puntare il più in alto possibile.

Dopo pochi giorni, contro ogni mia previsione, mi rispondono:

Buona sera,

La procedura è la seguente:

- ci invii un Curriculum con le sue competenze
- su questo viene fatta una pre-valutazione gratuita

- se la pre-valutazione è positiva si può ottenere il titolo
- terminata la pratica della durata di 5 giorni si riceve il titolo

I documenti che deve inviare sono:

- Curriculum vitae

Cordiali saluti

Luca

Mi chiedono di inviare un curriculum dettagliato che sarà valutato dalla loro struttura in circa cinque giorni lavorativi e poi mi avrebbero fatto sapere, sia in caso di positivo accoglimento della richiesta sia in caso di rigetto della stessa. La mail che ricevo è ben scritta, in un italiano asciutto ma grammaticalmente corretto (a meno di quel "buona sera") e scorrevole, e seppure succinto non mi dà l'impressione di un testo generato automaticamente.

Dopo una settimana esatta ricevo una nuova email. La valutazione ha avuto esito positivo (evvai!) e dopo attenta valutazione del mio percorso professionale, o meglio, quello di Gabriele, nonché contatti con le loro strutture convenzionate, mi informano che la mia laurea sarà emessa dall'Università di Cambridge. Siccome l'iter da seguire per l'emissione della laurea è un normale formalità accademica è necessario versare 980 EUR di tasse universitarie. Ricevo infatti gli estremi per il versamento con tanto di IBAN straniero. Da una rapida analisi della prima parte del codice IBAN risulta relativo ad un conto corrente svizzero, esattamente di Zurigo.

Gabriele è al settimo cielo. Finalmente può ottenere, con tutto sommato una modica spesa, la tanto agognata laurea in Medicina e Chirurgia.

Passo successivo, scrivo una mail alla segreteria dell'Università di Cambridge chiedendo lumi sulla procedura. Riporto sotto il testo esatto della mail di risposta ricevuta una manciata di ore dopo:

Thank you for your enquiry. The only way to achieve an undergraduate degree from the University of Cambridge is to successfully apply for and complete one of our full undergraduate degrees. See our website for further information. Best wishes.

ovvero

Grazie per la richiesta. L'unico modo per laurearsi presso l'università di Cambridge è quello di superare con successo i nostri corsi. Faccia riferimento al nostro sito internet per ulteriori informazioni. Cordiali Saluti.

Ma come sarebbe?!? A Cambridge non sanno niente della mia laurea???

Decido di scrivere nuovamente a "Meno Tasse" per chiedere gentilmente spiegazioni. Nel testo cerco di mostrarmi stupito, ma comunque fiducioso del fatto che una spiegazione esiste e voglio solo cercare di capire. Come mi aspettavo li trovo molto preparati su questo genere di domande. Con lo stesso tono che userei per spiegare una ovvietà ad un bambino, mi viene raccontato che l'emissione di lauree per corrispondenza è una procedura riservata e che quindi non c'è nulla di strano se un impiegato qualsiasi non ne sia a conoscenza. Avrei voluto rispondere che per definizione stessa le procedure *devono* essere note agli impiegati, perché è il loro lavoro, ma questa volta mi sono morso le dita ed ho evitato di sottilizzare. In fondo il mio scopo è ottenere la laurea.

Dunque, per poter proseguire è necessario effettuare il versamento delle tasse universitarie, cosa che né io, né ovviamente Gabriele, abbiamo intenzione di fare. Come noto, quando il gioco si fa duro è il caso che i duri inizino a giocare, decido quindi di farmi aiutare da chi è più duro di me. Contatto la trasmissione televisiva "le Iene".

Invio una mail e dopo neanche mezz'ora squilla il mio cellulare. E' la telefonata di uno dei conduttori del famoso programma televisivo. Propongo la mia idea. Gli IBAN svizzeri sono più corti di quelli italiani, e Gabriele ha un conto bancario online senza la possibilità di effettuare bonifici allo sportello. Purtroppo il sito della banca non accetta l'IBAN e non è possibile quindi procedere con il bonifico. Tanto per fare una prova decidiamo di proporre un diverso metodo di pagamento, l'invio di un assegno circolare in busta chiusa, in questo modo dovrebbero in teoria darmi un indirizzo postale fisico che avremmo poi potuto utilizzare per iniziare le ricerche.

La risposta non si fa aspettare. Mi suggeriscono di contattare il call center della banca perché la procedura di bonifico estero deve funzionare. Oppure se preferisco, posso utilizzare un servizio di *Money Transfer*. Il *Money Transfer* è il metodo preferito dai truffatori perché è il meno tracciabile in assoluto. Immagino che non sia stato proposto come *primo* metodo di pagamento per non instillare da subito nelle potenziali vittime il germe del dubbio.

A quanto pare il tentativo di risalire ad un indirizzo fisico è saltato. Tentiamo anche invano di rintracciare il numero di telefono, che risulta però un numero Skype. A questo punto, di comune accordo con "le Iene" desistiamo. Sono evanescenti, irraggiungibili, non esiste nulla di fisico a cui aggrapparsi, evidentemente sono ben organizzati. La "controtruffa" salta.

Tra l'altro è emblematico notare come il sito internet di Meno Tasse, pur avendo cambiato nome ed indirizzo internet, sia ancora oggi online con svariati "servizi" offerti.

***

Il magistrato

Claudia è il prototipo di donna in carriera, come quelle dei film americani. Si è laureata giovanissima in giurisprudenza, con una tesi di laurea in diritto penale che le ha fruttato un voto finale di 110 e lode a soli 24 anni.

Non è certo stato facile per lei dover sgomitare per tutto il percorso accademico con colleghi uomini per superare esami con professori che la ritenevano troppo "minuta" per avere a che fare con criminali incalliti. Minuta sì, una caratteristica che di solito è ben apprezzata in una ragazza, per lei, per la sua ambizione, diventava un ostacolo, quasi un'onta di cui vergognarsi.

Claudia era alta un metro e sessantacinque per cinquantotto chili di peso, dei bei capelli lisci il cui colore originario ormai non ricordava più neanche lei. I suoi lineamenti delicati le avevano fruttato il soprannome di "fiorellino". *"cosa ci farà mai un fiorellino come te in un aula di tribunale? Con nella gabbia criminali della peggior specie, non rischierai di sfiorire fiorellino?*

Aveva bandito dalla sua vita i fiori. "Odorano di cimitero" diceva, ma in realtà l'olezzo che sentiva non era quello della morte fisica, dei corpi in decomposizione. In decomposizione era la sua autostima quando la chiamavano "fiorellino". Giorno dopo giorno, appellativo dopo appellativo, la sua corazza interiore diveniva sempre più robusta, sempre più resistente alle scalfiture dei nomignoli.

Claudia ha un sogno. Diventare magistrato. Sezione penale. Non è facile, ma la sua frase preferita è: "se fosse facile non ci sarebbe gusto".

Quel giorno volle vicino a sé tutti gli amici, tutti i familiari. Era finalmente stata nominata magistrato. Perugia; questo vuol dire che avrebbe dovuto trasferirsi e voleva organizzare per l'ultima volta una bella rimpatriata, quasi un addio alla propria città natale.

Solo dopo la decima telefonata la realtà le diede uno schiaffo. Si, uno schiaffo, improvviso, inaspettato. La sua sete di carriera le aveva decimato quello che lei chiamava scherzosamente "il parco amici". Molti suoi colleghi erano ancora all'Università, non si erano dati pene per una rapida conclusione degli studi e si erano, come si suol dire "parcheggiati". Metà dei suoi colleghi rifiutarono per invidia, l'altra metà per cordiale antipatia verso una *arrampicatrice sociale* come la chiamavano.

Che ingenua Claudia, decise di dare ugualmente la festa, quasi elemosinando presenze in tutti i contesti sociali che l'avevano vista passare. La palestra, dove ormai per mancanza di tempo non andava più, la scuola di ballo, dove perennemente senza cavaliere si sentiva sempre un pesce fuor d'acqua, solo qualche amico del liceo ed il resto parenti più o meno vicini. In fondo lei li aveva invitati, ed avere mezza sala vuota non era certo uno smacco. Quello che la metteva a disagio era l'imbarazzo presente nell'altra metà della sala, quella piena di scarpe lucide fissate dai legittimi proprietari per l'intera serata.

Claudia divenne magistrato. Un magistrato giusto, capace, stimato e temuto.

Il suo lavoro era guardare dentro le anime più putride dei criminali più incalliti; spesso si lasciava andare ad una battuta: *"in fondo un astrofisico ed io non facciamo lavori tanto diversi, anche io studio buchi neri"*. Studiare il buco nero della totale mancanza di coscienza di taluni criminali aveva tuttavia un effetto collaterale, quello di perdere fiducia nel genere umano, convincersi gradualmente che la bontà presente in ciascuno di noi è solo uno strumento da utilizzare in occasioni speciali per ottenere un tornaconto. Se a questo si aggiunge da un lato la necessità che aveva di un continuo ringhiare a denti digrignati per evitare che il suo aspetto minuto e delicato potesse trarre in inganno tanto gli imputati quanto gli avvocati, e dall'altro la mancanza di una controparte affettiva, un uomo, un focolare a cui badare, dei figli a cui voler bene, allora è più che comprensibile il progressivo ed irreversibile inaridirsi del suo cuore.

Eppure un giorno accadde qualcosa. Claudia era volutamente incapace di partecipare a quegli aperitivi e party di tanto in tanto organizzati dalle sue amiche ed esplicitamente volti a vivacizzare le loro situazioni sentimentali. Eppure essendo credente non era autorizzata a lasciare morire la speranza, quindi ogni tanto la sera abbandonava i propri pensieri ad un noto social network dove ormai aveva il suo giro di amicizie elettroniche.

Un giorno *Peter* le scrisse qualcosa. *"Non dimenticare che sua mamma gli ha voluto bene"*. Claudia stava parlando di Enrico, l'udienza sarebbe stata il mattino seguente. Enrico aveva ucciso a sangue freddo la vicina di casa. Aveva bussato alla sua porta, le aveva tagliato la gola, l'aveva guardata morire e poi era tornato nel suo appartamento a cenare. L'avvocato della difesa chiedeva attenuanti, faceva riferimento a passate liti condominiali, ma Claudia aveva la netta impressione che Enrico fosse semplicemente incapace di provare empatia. Guardandolo negli occhi non vedeva cattiveria, non vedeva la feroce rabbia solita dei criminali di malavita, non vedeva assolutamente niente, e quel vuoto la spaventava perché in esso vedeva riflessa la propria incapacità di comprendere. In realtà aveva già deciso, colpevole, attenuanti non concesse, eppure avrebbe voluto capire prima di giudicare, comprendere quel gesto gratuito apparentemente privo di significato.

Le parole di Peter erano semplici: *"Non dimenticare che sua mamma gli ha voluto bene"*; Enrico che fino a quel momento era stato solo un oggetto, una matricola, un numero di udienza, diventa un essere umano che è stato bambino, che è stato amato dalla propria mamma alla quale ha voluto bene, che è cresciuto ed ha sofferto, come tutti, l'ingiustizia di una vita dura. Tutta l'evoluzione di una personalità conclusa nel momento in cui egli ha aperto quel cassetto della cucina e tirato fuori il coltello fino ad allora utilizzato solo per tagliare il pane. Parole semplici quelle di Peter che tuttavia consentirono a Claudia di togliersi di dosso quella fastidiosa sensazione di non riuscire a comprendere.

Peter era nato a *Port Harcourt* in Nigeria da una famiglia non benestante ma che era stata in grado di dargli una vita serena anche dal punto di vista economico. Questo Claudia lo seppe quella sera stessa, dopo l'udienza, dopo averlo nuovamente rintracciato sul social network per ringraziarlo ancora una volta di quelle parole che l'avevano "risvegliata" come scrisse lei.

Dopo la scuola Peter si era trasferito in Sudafrica. Aveva il sogno di diventare ingegnere e decise di iscriversi nella storica Università di Cape Town. Non fu un periodo facile per lui, lo studio era duro, era molto lontano dalla famiglia ed aveva deciso di trovarsi un lavoretto per non pesare eccessivamente sull'economia familiare. Era riuscito a laurearsi con il massimo dei voti e nei tempi previsti ed era stato assunto in una grossa azienda del settore *Oil and Gas* che, Claudia aveva imparato, significava il petrolifero.

Peter aveva *ascoltato*, per quanto si possa ascoltare in un social network, la storia di Claudia; soprattutto la storia di quel nomignolo, "fiorellino". Claudia si aspettava le solite smielate e stucchevoli parole di conforto, non avrebbe pensato male di Peter tanto ne era avvezza. Ma Peter rispose qualcosa del tipo: "*uhm...fiorellino... spero che almeno gli avrai causato una bella allergia da polline*", una battuta semplice ma nuova, che fece ancor più breccia nel cuore di Claudia che per la prima volta dopo tanti anni stava iniziando ad aprirsi.

Fu così che Claudia e Peter iniziarono una relazione a distanza. Peter era disponibile, diceva sempre cose positive e mai scontate, se all'inizio veniva usato da Claudia più che altro come valvola di sfogo, già dopo pochi mesi quelle conversazioni diventarono sempre più costruttive. Peter era una persona colta, si poteva parlare di tutto e si confidavano l'un l'altro segreti e paure scambiandosi suggerimenti e consigli. Per Claudia era come una nuova adolescenza, visto che la prima era andata piuttosto maluccio.

Un giorno Peter la chiamò al cellulare tra un'udienza e l'altra:

"Ciao Claudia, venerdì prossimo vengo a Perugia per lavoro. Ti andrebbe di cenare assieme?"

Fu una cena indimenticabile, così come tutto il fine settimana prima che Peter ripartisse. Claudia conobbe una persona esattamente come l'aveva immaginata sul social network, quel fine settimana le aveva nutrito il cuore e lo spirito donandole nuova voglia di vivere, nuova fiducia nel genere umano. Anche la carne, mortificata ormai da secoli, ebbe il proprio momento di riscatto ricordando a Claudia di essere ancora donna, pur in un mondo di uomini.

Da quel giorno quel social network diventò ancor più un'ancora di salvezza. Claudia non vedeva l'ora ogni sera di tornare a casa per contattare il suo Peter in videochat e passare qualche minuto in sua compagnia. Per quanto triste o stupido potesse sembrare, qualche volta cenarono persino insieme attraverso il lucido schermo di un tablet.

Un giorno una nuova telefonata: *"Ciao Claudia, la settimana prossima ho un viaggio di lavoro. Sarò in Angola per tutta la settimana, ti chiamo io appena atterro"*. Poi nulla più. Passa un giorno, ne passano due. Claudia è preoccupata, il telefono è irraggiungibile e l'Angola è grande, senza ulteriori informazioni è impossibile rintracciarlo. Claudia decide di scrivergli una mail a cui Peter risponde conciso:

Ciao, ho avuto un problema, mi chiami al numero che trovi sotto?

Sotto Claudia trova un numero di telefono fisso che poi si rivela essere di un Hotel:

Claudia *Peter? Tutto ok?*

Peter *Ciao Claudia, mica tanto...ho avuto un problemino... mi hanno perso il bagaglio e dentro avevo tutto, vestiti, soldi, carte di credito, cellulare, ecc.*

C *Oddio, ma hai segnalato il problema agli Oggetti Smarriti?*

P *Claudia, sono in Angola non a New York. La mia roba sarà già su qualche bancarella fuori città. Il problema ora è che non riesco a mettermi in contatto con l'azienda locale, non mi fanno lasciare l'albergo senza una carta di credito, e non posso fare neanche il biglietto per ritornare indietro.*

C *O mio Dio, e ora come fai? Posso aiutarti in qualche modo?*

P *No Claudia, non preoccuparti, in qualche modo farò, sono in contatto con il Consolato che però da queste parti non funziona come in Europa. Dovrebbero darmi un po' di soldi per pagare l'albergo e per rientrare a casa, poi salderò il debito, ma l'iter sembra essere piuttosto lungo ed irto di difficoltà burocratiche.*

C *Ma scusa, non puoi usare la mia carta di credito? Ti do il numero?*

P *Grazie, ma no. Vogliono una carta fisica, non basta un pagamento elettronico.*

C *Beh... ti faccio un bonifico? Quanto ti serve?*

P *Claudia, volevo solo dirti che sto bene e che ci metterò un po' per tornare a casa. Mi servono cinquemila euro che non ti chiederei mai, e comunque mi fai un bonifico? Sul mio conto? Come li recupero i soldi che qui non ci sono filiali della mia banca e tutte le mie carte erano nel bagaglio?*

C *Ma... non è possibile... aspetta fammi pensare... Money Transfer, ce ne sarà qualcuno là no? Te li trasferisco, e li prendi in contanti?*

P *Money Transfer? Uhm... potrebbe essere una idea. Ci sono un po' di costi, ma non è certo un problema, poi te li rimborso appena rientro.*

Il magistrato

C *Dai Peter non preoccuparti. Vado domani mattina e poi ti richiamo a questo numero per gli estremi, ok?*

P *Ok, grazie mille, ti voglio bene.*

Claudia non risentì né rivide mai più né Peter, né i suoi cinquemila euro.

***

Cosa è successo? Come è possibile che Claudia sia stata truffata in questo modo? Cambiamo punto di vista, passiamo dal lato di Peter e raccontiamo la sua storia. Una storia molto diversa e più articolata di quella che ha percepito Claudia.

Peter è un dipendente di una società nigeriana. Non è un ingegnere, e la società non lavora nel campo petrolifero, bensì è specializzata in truffe. Peter passa le sue giornate davanti ad un pc ed usa sostanzialmente due programmi; il primo è il browser per l'accesso a diversi social network tramite i quali contatta le proprie vittime e chatta con loro, mentre l'altro è un database in cui registrare le informazioni salienti e le notizie scambiate. Questo è l'unico modo per gestire più vittime contemporaneamente senza mai dimenticare un compleanno di un figlio, un importante appuntamento lavorativo, o lo stato di salute di un parente vicino. In questo modo inoltre è possibile avere sempre a portata di mano il profilo psicologico di chi è dall'altro lato del pc o del telefono.

Peter ha svariati colleghi più giovani di lui. Loro si occupano per lo più di vittime giovani, con gradi di scolarizzazione più bassi ed ovviamente cifre truffabili più modeste. Lui invece è uno dei più esperti all'interno dell'organizzazione. Riesce a gestire ogni anno dalle trenta alla cinquanta vittime senza mai confondere un nome o una data. E' specializzato in donne non più giovanissime, con un grado di scolarizzazione medio-alto, e con problemi sentimentali legati alla propria carriera. Ce ne sono molte. Va a caccia nei diversi social network estraendo automaticamente parole chiave dalle conversazioni pubbliche. Lo stato d'animo di queste donne è molto condiviso, il modo di esprimersi, la melanconia di talune esternazioni, la scelta delle parole sono tali da poter selezionare le vittime da una semplice analisi del testo. Una volta individuate, esse vengono seguite da Peter per qualche settimana in modo da identificarne i punti deboli, i quali vengono sistematicamente inseriti nel suddetto database, per poi scremare ulteriormente e focalizzarsi solo sui bersagli più plagiabili ed economicamente dotati.

Questo tipo di vittima è molto insidioso, sono persone emotivamente delicate, ma solitamente intelligenti e preparate. I colleghi di Peter chiudono una "transazione" tipicamente in poche settimane, al massimo un paio di mesi, mentre le vittime su cui Peter è specializzato vanno seguite per molto più tempo. Claudia è stata seguita per quasi tre anni prima di giungere finalmente alla "transazione". Tuttavia investire anni non è un problema per vari motivi. Innanzitutto perché Peter segue contemporaneamente anche cinquanta persone contattate in tempi diversi, quindi il flusso economico è abbastanza costante, e poi perché sebbene da un lato queste vittime siano abbastanza furbe da dover essere circuite in modo chirurgico, dall'altro sono così emotivamente esposte che se ben agganciate poi è solo questione di trovare il momento giusto. Inoltre sono donne in carriera e solitamente prive di famiglia, quindi con una discreta disponibilità di danaro liquido.

Peter è un personaggio inventato, come Claudia del resto, però purtroppo questo tipo di operazione non è frutto di fantasia; accade quotidianamente.
Il target di questa truffa è rappresentato da una precisa tipologia di persone. Donne non più giovanissime, divorziate o mai sposate, che hanno dedicato alla carriera buona parte della propria vita e si trovano quindi intorno ai quarant'anni con una discreta posizione economica ed una problematica situazione sentimentale.
Queste persone per i più disparati motivi si trovano a desiderare ciò che tipicamente si desidera, si cerca e spesso si ottiene, tra i venti ed i trenta anni. Purtroppo però perso quel giro la faccenda diventa davvero complessa, soprattutto per le donne. Per loro infatti, che lo sia voglia ammettere o meno, la giovinezza e l'aspetto fisico giocano un ruolo ben più importante rispetto al corrispettivo maschile. Ci si trova in definitiva nella scomoda situazione in cui gran parte dei propri coetanei sono "sistemati", quelli che non lo sono, spesso hanno alle spalle situazioni complesse, un divorzio, una ex moglie, dei figli, o peggio, un passato da scapestrato che tende ciclicamente a ripresentarsi. Inoltre bisogna mettere in conto la gestione di impegni di lavoro legati alla carriera scelta, un fisico che si avvia al declino, e soprattutto ci si trova estremamente in imbarazzo, ci si scopre impacciati in quelle situazioni amorose che invece vengono così naturali a vent'anni.
Un bel giorno, si aprono gli occhi, ci si guarda alle spalle e si decide di volere qualcosa di più. Uscire con amici e colleghi non è così semplice, la maggior parte di essi ha famiglia, ed uscire con famiglie al seguito non è esattamente il metodo migliore per andare a caccia. Ci sono certamente le amiche, magari un po' più giovani, quelle che cambiano ogni settimana colore dei capelli passando dal rosso fuoco al biondo platino. Quelle lì mantengono il ruolo di cacciatrici per tutta la loro vita, sono donne senza scrupoli e prive di morale, che cercano l'avventura di una sera, e non il compagno per quel che resta della propria vita. Neanche questa quindi è una opzione percorribile.

Ad esempio parliamo di una truffa ai danni di un gruppo di donne canadesi, in tempi piuttosto recenti in quanto avvenuta nel 2009. La notizia è riportata sul blog di *Paolo Attivissimo* (`http://attivissimo.blogspot.it`), un vero faro nell'universo informatico per tutto ciò che riguarda truffe, bufale, e non solo. La notizia è stata riportata nel 2009 dal Edmonton Sun, quotidiano locale della città di Edmonton nel sud ovest del Canada.

Questo gruppo di donne fu selezionato dai truffatori utilizzando i dati pubblici contenuti in svariati social network. Il profilo coincideva con quello della classica vittima di questo tipo di truffa alla Nigeriana, ed iniziarono a chattare con sedicenti uomini d'affari in realtà criminali navigati. I truffatori riuscirono a generare una vera e propria dipendenza emotiva nelle loro vittime usando solo parole dolci e promesse di matrimonio, piccoli semi piantati nella terra estremamente fertile del cuore di donne emotivamente esposte.

Alcune, intervistate dal giornale locale, hanno espresso il proprio stato d'animo con le seguenti parole:

Non vedi l'ora di tornare a casa dal lavoro per scambiare messaggi con loro... non sono come un partner nella vita reale: loro sono sempre lì a disposizione, e dicono sempre cose positive. Mai niente di brutto. È quello che vogliono sentirsi dire tutti.

oppure:

Ho avuto tantissimi amici che mi hanno detto "Non mandare soldi", ma ami quella persona e le credi e non ti vuoi fermare... pensi di essere più furba dei delinquenti, ma non lo sei: può capitare a chiunque.

La vittima, se ben agganciata, è talmente sicura di quello che sta facendo che non ascolta i suggerimenti di amici e parenti.

Tante vittime ammettono di essere state messe in guardia da amici e parenti. "*Ti dicono di non mandare soldi, ma tu non li ascolti. Ami quella persona, sei certo di essere più furbo dei criminali, ti fidi*".

La truffa alla Nigeriana è una delle più classiche, ne ho parlato spesso con svariate persone e la stragrande maggioranza di queste tende a pensare qualcosa del tipo: "*se ti fai fregare te lo meriti*", oppure "*è impossibile che oggi giorno la gente continui a cascarci*". Purtroppo non è così. Vista da dentro la truffa è molto meno evidente di quello che si può pensare. Tutti pensano "a me non può capitare", ma un truffatore esperto gioca sui sentimenti e sulle emozioni, e questo tipo di gioco rende ciechi a qualsiasi consiglio di amici o parenti.

Si inizia così, quasi per gioco. Siti di incontri, chat, ecc. hanno avuto nell'ultimo decennio una notevole impennata proprio perché si sono moltiplicate le situazioni che rispondono al profilo emotivo qui descritto. Perfino siti di incontri *a pagamento*, quelli che fino a dieci anni fa non avrebbero avuto neanche un solo iscritto. Proprio queste chat sono popolate da truffatori che, come abbiamo visto nel caso di Claudia, spesso fanno riferimento a vere e proprie organizzazioni. Il truffatore getta l'esca e resta in attesa fino a che qualcuna abbocca. La vittima inizia in genere quest'avventura come un gioco, le difese sono piuttosto basse perché essa stessa non crede davvero di voler fare sul serio. Manca quindi quel processo di selezione a monte che, se portato avanti con raziocinio e competenza, può ragionevolmente metterci al sicuro situazioni spiacevoli.

Il truffatore si presenta in genere come un giovane uomo d'affari, spesso in viaggio intorno al mondo, e molto frequentemente in Nigeria, dove invece probabilmente risiede. E' molto importante la psicologia di queste conversazioni. La vittima fa parte di uno stereotipo diffuso e ben conosciuto, tanto che per riuscire a colpirne le debolezze è sufficiente un po' di esperienza. Ad esempio il giovane uomo d'affari vive un disagio amoroso perché per colpa del proprio lavoro, e per il fatto di essere sempre in viaggio, ha difficoltà ad instaurare legami stabili. Le motivazioni sono molto simili a quelle che hanno spinto la vittima ad entrare in chat, si instaura quindi immediatamente una sorta di empatia. La vittima spesso è scettica e convinta di non avere molte speranze di trovare un proprio coetaneo. Sono magari anni che lo cerca in quella cerchia di amici e sembra un vicolo cieco, il fatto quindi che questa persona sia più giovane apre nuovi scenari, nuove possibilità. Il rapporto diventa sempre più intimo.

Inoltre ciascun truffatore porta avanti anche decine di chat contemporaneamente, permettendo di abbattere ulteriormente i costi della truffa. Ci sono casi in cui il truffatore incontra fisicamente la propria vittima. Magari in un viaggio di lavoro il giovane uomo d'affari si trova per caso nella città della donna con cui sta chattando da svariati mesi, e i due decidono di incontrarsi. I sentimenti divengono in questo modo sempre più saldi, è un vero e proprio fidanzamento, dalla cenetta romantica a eventuali rapporti carnali; anche se questo stadio si raggiunge solo con vittime particolarmente appetibili, che dispongono di notevoli rendite economiche, o che per qualche motivo personale risultano particolarmente plagiabili.

Bisogna inoltre notare che se il viaggio di lavoro capita "per caso" nella città dove risiedono diverse vittime, i costi di viaggio possono essere davvero un'inezia rispetto alla potenzialità della truffa. Qui entrano in gioco le organizzazioni che, come dicevamo prima, possono produrre coperture, viaggi aerei, finte segretarie che rispondono al telefono, biglietti da visita, prenotazioni alberghiere e così via. A questo punto la vittima è sentimentalmente incastrata ed è possibile passare alla fase B del piano. Il giovane uomo d'affari si trova bloccato in Nigeria per qualche motivo. Sequestrato/rubato/perso il passaporto, oppure smarrita o annullata la carta di credito, o ancora è finito in ospedale e per essere dimesso deve pagare la parcella. Oppure semplicemente ha difficoltà ad acquistare il biglietto aereo per il rientro a causa di problemi bancari. Nulla da temere, i soldi saranno prontamente restituiti dopo pochi giorni, una volta sistemato il problema o l'equivoco. E la vittima non ha alcun motivo di dubitare della buona fede di tale promessa.

Secondo l'*Edmonton Sun* queste donne canadesi hanno donato ai propri presunti fidanzati una cifra complessiva poco inferiore ai 200.000 Euro. Nel 2009 l'ammontare complessivo del bottino di questo tipo di truffe è stato di 9,3 *miliardi di dollari*, contro i 6,3 miliardi del 2008. I dati sono pubblicati da un'associazione olandese, la *Ultrascan Advanced Global Investigation*, che ha come scopo l'analisi di questo tipo di truffa, ma per loro stessa ammissione i numeri potrebbero essere notevolmente maggiori. Se da un lato infatti non esiste alcun coordinamento tra le diverse nazioni per sgominare queste bande, dall'altro nella stragrande maggioranza dei casi, le vittime non denunciano la truffa subita perché se ne vergognano. Secondo quest'associazione, l'impennata avuta a partire dal 2009 è dovuta all'ingresso nel target di questo tipo di truffe, di altre zone geografiche che erano poco appetibili fino a qualche anno fa. In particolare la Cina per le vincite alle lotterie e l'India per le false offerte di lavoro o per borse per lo studio all'estero; sono mercati vergini, con pochissima conoscenza di queste tecniche, e migliaia di potenziali vittime.

Questa truffa è nota anche come *"love scam"* ed è molto più diffusa di quello che si può credere. Anche in questo caso non bisogna pensare alle vittime come degli sprovveduti. Non sono ingenui, ma hanno una personalità fragile sotto certi aspetti, è la capacità del truffatore è appunto quella di scovare questi aspetti e sfruttarli.

Non sempre una *love scam* si articola come la storia di Claudia. A volte dopo che la vittima cade nelle grinfie del truffatore vengono richieste piccole somme di denaro per i più svariati motivi. Da spese mediche a piccole spese quotidiane; da biglietti di aereo a rate dell'auto che quel mese proprio non si riescono a pagare. Malattie improvvise, incidenti automobilistici, imprevisti finanziari. Vengono richiesti come si chiederebbero ad un fidanzato reale, con *nonchalance*, con naturalezza.

E' il caso di *Roy Innocent Moore*, un *romance scammer* professionista. Nato in Jamaica da madre inglese, torna a vivere in Inghilterra dopo la morte del padre. Si laurea in Belle Arti all'Università di Bradford. A volte è vedovo, altre volte invece è da poco divorziato. La sua vita è sostanzialmente uguale per tutte le sue vittime, ma alcuni dettagli vengono modificati in relazione allo specifico destinatario.

Altro esempio molto noto è il cantante Gospel *Oluwa Mayowa Ajayi*, arrestato in Inghilterra per frode dopo aver truffato quattro donne. Si fingeva un pilota americano dell'aeronautica militare e andava a caccia di vittime su Facebook. Agganciata una ragazza inglese riuscì in relativamente poco tempo a farla innamorare per poi contattarla dicendole che era stato catturato in Nigeria dalla *Delta Force*. Chiedeva un trasferimento con *Moneygram* per il pagamento del riscatto entro venti ore altrimenti sarebbe stato ucciso. Avrebbe restituito tutti i soldi al suo rientro in patria. Per un'altra vittima invece era un ricco uomo d'affari con un momentaneo problema di liquidità. In questo caso la vittima era una benestante signora che non ebbe alcuna remora a prestare il denaro richiesto, certa della sua restituzione.

Ogni giorno sono migliaia i tentativi di truffa che vengono perpetrati nei modi più disparati. Vengono violati account Facebook, LinkedIN, Skype, Messenger; nessun social network è immune da questi tentativi. Benché i fornitori dei servizi si assicurino la massima sicurezza informatica possibile, nella stragrande maggioranza dei casi l'anello debole è l'utente, che sceglie password facili da indovinare, oppure se le lascia rubare. Una volta violato un account vengono fatte richieste di aiuti economici a tutti i contatti. Potendosi infatti fingere il reale proprietario dell'account è facile che qualche amico creda sinceramente nella genuinità della richiesta di aiuto, ed invii i soldi mediante metodi non tracciabili, fidandosi della provenienza del messaggio e quindi senza fare alcun tipo di verifica, fosse anche semplicemente contattare l'amico mediante un *diverso canale* per assicurarsi che la richiesta provenga effettivamente da lui.

Carte clonate

Una mattina di un venerdì squilla il telefono di Francesco:

Cristina *Buongiorno, parlo con il signor Francesco Donati?*

Francesco *Si, buongiorno.*

C *Salve, sono Cristina, del servizio clienti Visa. Abbiamo la necessità di fare alcune verifiche, le ruberò solo pochi minuti. Può per cortesia confermarmi la sua data di nascita, 28 aprile del 1979?*

F *Si, confermo*

C *Lei risiede in Via Boccaccio, 82, Corretto?*

F *Ehm, si, corretto*

C *Lei ha una carta di credito Visa, il cui numero è 1234 5678 9012 3456?*

F *Ehm... un attimo che controllo -* fruga nel portafogli *- ... mi ripete il numero? Si, si, è la mia carta.*

C *Mi può per cortesia confermare una spesa di 886 Euro per l'acquisto di un notebook nella giornata di ieri?*

Carte clonate

F *EH??? Cosa?? No... io non ho comprato niente...*

La mente di Francesco va agli utilizzi della carta di credito. Com'è possibile che l'abbiano clonata? Ha sempre utilizzato tutte le precauzioni che sa di dover usare. Dunque, un paio di acquisti su internet, ma solo su siti sicuri, e poi aveva verificato che in alto a sinistra ci fosse l'icona del catenaccio. Un mese fa per il compleanno di Giorgia aveva pagato il ristorante. Il cameriere gli aveva chiesto la carta di credito, ma lui aveva preferito recarsi in cassa, appunto per evitare di consegnarla nelle mani di estranei.

Certo, una clonazione può capitare, però fa rabbia perché lui sa come prendere tutte le precauzioni.

Cristina *Non si preoccupi signor Francesco. Il sistema antifrode della Visa ha rilevato un'operazione anomala rispetto ai suoi normali utilizzi.*

Francesco *Si, ma ora cosa devo fare? Potete bloccare la carta?*

C *Signor Francesco, come le dicevo non c'è problema. La transazione è stata bloccata in quanto non coerente con i suoi utilizzi storici. Sul prossimo estratto conto troverà un esborso di 886 Euro e subito sotto un accredito della stessa cifra. La causale della seconda riga riporterà un riferimento alla telefonata corrente. Il mio numero di operatore è 12345.*

F *Oh, bene... grazie mille...*

Francesco ora è più tranquillo. Sapeva che il circuito Visa era serio, e questa telefonata ne è la riprova. Dopo neanche ventiquattr'ore dalla transazione questa viene bloccata, i soldi rimborsati ed il cliente viene prontamente contattato per verificare che si sia effettivamente trattato di una truffa. La signorina a telefono è molto professionale e gentile, ed ha un accento italiano, non come quelle con marcato accento dell'est dei call center delle compagnie telefoniche.

Cristina *Ancora una cosa signor Francesco. Per poter autorizzare l'accredito, secondo i termini contrattuali, la società che emette la carta deve avere la certezza che lei ne sia ancora fisicamente in possesso. Sa, in caso di furto è necessaria una denuncia per poter procedere.*

Francesco *Certo, la carta è in questo momento nelle mie mani.*

C *Dovrebbe quindi cortesemente dirmi il codice di controllo stampato sul retro.*

Ok è solo una formalità. Francesco gira la carta e comunica il cosiddetto *ccv* alla teleoperatrice che poi autorizzerà il rimborso della spesa truffaldina.

Ed è esattamente in questo momento che Francesco viene truffato.

***

Svariati aspetti rendono la vittima degna di questo nome. C'è autorevolezza nelle parole dell'operatrice del call center, ma la sua voce soffice mette tranquillità. Si è corso il rischio di perdere quasi 900 Euro, ma la solerzia e la professionalità del gestore della carta ci ha risolto il problema senza neanche farci scomodare a fare denuncia. Inoltre per verificare il numero di carta di credito è stato necessario prenderla dal portafogli. A questo punto girarla e leggerne il retro costa talmente poca fatica che viene naturale farlo immediatamente. Purtroppo ancora una volta viene meno la lucidità mentale necessaria per cambiare punto di vista.

A pensarci bene il numero di carta di credito è spesso scritto sullo scontrino delle strisciate. E spesso lo scontrino viene buttato nel cestino fuori dal bar. Nei ristoranti il cameriere addirittura porta via la carta di credito e la restituisce con lo scontrino da firmare. Per procurarsi nome, cognome, data di nascita e numero di cellulare di solito è sufficiente girare una mezz'oretta in rete, spesso basta andare sul profilo di Facebook, dove la gente vomita ogni sorta di informazione personale senza alcun ritegno e senza rendersi conto di come quelle informazioni possano essere utilizzate per scopi ostili. L'unica cosa che ancora può salvare l'integrità della nostra carta di credito è il codice di controllo. E' l'unica informazione che non viene mai divulgata nelle strisciate, che viene criptata nelle transazioni online e che tipicamente non scriviamo da nessuna parte per poterla ricordare, visto che è scritta già sul retro della carta. E Francesco la ha appena data ad una sconosciuta che lo ha contattato sul cellulare sciorinandogli nell'orecchio con aria soave una serie di informazioni che Francesco stesso ha disseminato intorno a sé.

E' una truffa molto rapida che si basa ancora una volta sulla fiducia che il truffatore riesce ad ottenere da parte della vittima. Anche in questo caso la salvezza sta nel riuscire a cambiare punto di vista, cosa resa difficile dal climax emotivo che il truffatore riesce ad instaurare nella vittima.

E' importante inoltre non lasciarsi confondere dalle notizie che circolano su internet. Già nel 2008 questo tipo di truffa fu segnalato da email che ne descrivevano una storia e chiedevano di far circolare l'informazione tra i conoscenti. La classica "catena di S. Antonio". La comunicazione conteneva riferimenti a specifiche banche (*Royal Bank of Canada* e *Banca d'Italia*), a circuiti di carte di credito e a nomi di persone che ne suggellavano la veridicità. La mail tuttavia era falsa, era una cosiddetta *bufala* in quanto i riferimenti in essa contenuti non erano autentici. Il fatto che sia una *catena di S. Antonio* e che riporti dati fasulli tuttavia non cambia la sostanza dell'appello che resta valido ed il tipo di truffa realmente esistente.

Attenzione tuttavia a non esagerare con atteggiamenti paranoici. Qualche tempo fa ricevetti una telefonata dal gestore della mia carta di credito. Mi chiesero di confermare il nome, il cognome e la data di nascita. Mi dissero il numero di carta di credito e mi chiesero di confermarlo. Nel frattempo, con l'altro cellulare avevo già digitato il 112... La ragazza del call center invece mi disse semplicemente: *"bene, per questioni di sicurezza la sua carta è stata annullata. La tagli. Lunedì le arriverà una nuova carta, segua le istruzioni per l'attivazione. Buona giornata"*. Quella volta la paranoia mi aveva giocato un brutto scherzo. La mia carta faceva effettivamente parte di un gruppo in cui ne erano già state clonate una decina. Il gestore ha semplicemente deciso di annullare tutte le carte del gruppo e spedire le nuove. Non dimentichiamoci in ogni caso che i gestori delle carte di credito hanno tutto l'interesse a tutelare il loro business e di conseguenza i loro clienti, e che sono tecnicamente molto preparati nel farlo. Il loro solo incubo è il cliente sprovveduto che usa la carta di credito pensando di vivere nel mondo delle fiabe.

Come vendere una barca

Come ultimo esempio di Nigeriana voglio riportare una esperienza capitata a me personalmente. Metto la mia barca in vendita su un noto sito di compra-vendita di usato. Nel giro di poche ore mi scrive la signora *Desaunay Genevieve Marthe* per chiedermi ulteriori informazioni. Voleva conoscere le condizioni dell'imbarcazione e l'anno di immatricolazione. Le dico che è una piccola barca a vela con qualche anno sulle spalle ma in buone condizioni, e la invito a guardare le foto dell'annuncio che sono molto esplicative.

Dopo un giorno mi contatta nuovamente per dirmi che il prezzo va bene, ma lei abita in Costa d'Avorio. Mi chiede i riferimenti della mia banca così può pagarmi con un "trasferimento bancario". E' ovviamente un tentativo di truffa, ma per curiosità provo a cercare su Goole *Desaunay Genevieve Marthe*. Vengono fuori decine di link in cui gli utenti della rete segnalano la signora come possibile truffatrice avendo cercato di comprare auto, case e barche in giro per il mondo, e sempre con problemi bancari legati alla sua residenza in Costa d'Avorio.

Il fatto che venga utilizzato un nome ben conosciuto nel web mi dà la definiti-va certezza di essere al cospetto di un tentativo di truffa alla nigeriana. Infatti il non cambiare un nome oramai talmente noto serve appunto a scremare le vittime.

Il *trasferimento bancario* è in realtà un bonifico, ed i bonifici sono strumenti facilmente tracciabili. Tuttavia le transazioni internazionali sono molto lente, quindi è probabile che vendendo la barca a questa signora riceverei immediatamente una ricevuta di un bonifico il cui importo sarebbe più alto della cifra pattuita. la differenza potrebbe essere considerata un errore nel calcolo del cambio Franco/Euro, oppure un surplus per il pagamento di tasse di importazione, oppure ancora una sorta di regalo per la richiesta di sbrigare alcune pratiche burocratiche. In ogni caso la ricevuta della transazione sarebbe fasulla, oppure il bonifico (in realtà un *ordine* di bonifico) sarebbe revocato immediatamente dopo l'emissione della ricevuta. Ma senza poter fare rapidamente verifiche internazionali la vittima tende a fidarsi ed acconsente, avendo la ricevuta in mano, a restituire l'importo eccedente oppure a pagare con metodi non tracciabili le suddette pratiche burocratiche, di fatto consegnando contanti nelle mani dei truffatori senza un documento che attesti l'avvenuto pagamento.

Anche in questo caso mi viene voglia di organizzare una "controtruffa", accettare il pagamento e vedere poi come procedere. Tuttavia per farlo dovrei espormi con dati bancari sensibili senza neanche sapere con chi ho a che fare, che magari è un gruppo di truffatori organizzati e fortemente determinati.

Per questa volta quindi preferisco desistere ed ignorare l'ultima mail della signora Marthe che infatti non insiste e non mi invia più alcuna comunicazione.

Nigeriana psicologica

Un Natale felice

Sono le sei del mattino. Federico è già seduto sul solito sgabello del solito bar. Sgabello che considera suo dato che a quell'ora i pochi clienti avanzano diritti di possesso ciascuno sulle proprie abitudini. Sorseggia un cappuccino caldo, troppo caldo. L'ha trovato sul bancone del bar già pronto, come tutte le mattine.

La giornata è umida ed il vento spruzza la pioggia sulla vetrina del bar che ha già la parte bassa insozzata di gocce di fango. Una pioggia che sfoga la propria rabbia inzuppando dalla caviglia al ginocchio rendendo pressoché inutile l'uso dell'ombrello.

Lo sgabello accanto al suo è vuoto, come la maggior parte degli altri sgabelli della sala. Sopra di esso è poggiato un giornale stropicciato, evidentemente già letto ed abbandonato lì in attesa di qualcun altro interessato alle notizie del giorno. Federico è assorto nei suoi pensieri, non ama leggere il giornale di prima mattina. E' un Diesel, ha bisogno di partire lentamente e riscaldarsi prima di iniziare una nuova, noiosissima giornata di lavoro.

L'occhio di Federico esamina il giornale come si può osservare un dipinto o una scultura. Lo sguardo non si sofferma su nessuna di quelle piccole lettere nere che formano parole, frasi, periodi. Ma all'improvviso un annuncio lo incuriosisce.

Un Natale felice

"ACME Onlus, lavorando a stretto contatto con le comunità locali, porta aiuti ai bambini dell'Africa Subsahariana".

Un annuncio come tanti altri, ma con qualcosa di diverso. Sarà stata la forma grafica o la predisposizione d'animo di Federico, ma qualcosa lo spinge a sfregare i polpastrelli su di un tovagliolo per lasciar cadere tre briciole precedentemente appartenute alla brioche appena mangiata, per poi raccogliere il giornale ed aprirlo.

"Aiutaci a rendere questo Natale speciale per milioni di bambini. ACME Onlus si fonda sullo spirito umanitario dei propri soci, e non richiede donazioni di alcun genere. Se hai voglia di portare un aiuto concreto chiama subito il numero verde.

Centinaia di giocattoli sono stati donati e possono rendere felice il Natale di bambini nati in zone oppresse da guerre e carestie, ma per un'azienda senza scopo di lucro la gestione della logistica può rappresentare un problema serio. Molti trasportatori locali offrono la loro disponibilità a trasferire il materiale a titolo gratuito, ma le tratte disponibili sono poche ed è sempre più difficile collegarle tra di loro. Abbiamo quindi la necessità di numerosi magazzini intermedi. Se vivi in Italia ed hai la possibilità di mettere a disposizione per un giorno o due a titolo gratuito un box, un garage, una cantina o qualsiasi altro spazio, darai la possibilità al volto di un bimbo di illuminarsi di gioia ancora una volta."

Federico ha da tempo il forte desiderio di fare qualcosa per il sociale, di dare un aiuto concreto. Si è imbattuto decine di volte in raccolte fondi, richieste di aiuto e roba simile, ma donare un euro con un sms o lasciare una banconota di piccolo taglio nelle mani di uno sconosciuto fuori ad un supermercato per ottenere in cambio una piccola pianta sono tutte azioni che gli lasciano l'amaro in bocca. E' sempre presente il timore di essere raggirato; è impossibile sapere se quei soldi vanno realmente ai bimbi delle foto, ed anche in questo caso quanto di quei soldi riesce effettivamente a raggiungerli. Si sa, i soldi sono lo sterco del diavolo, ed a costo di apparire egoista non era mai riuscito a trovare l'iniziativa giusta a cui partecipare.

Questo annuncio sembra invece ritagliato apposta per lui. Impossibile essere truffati. L'aiuto dato è davvero concreto e consente finalmente di far parte della catena umanitaria; essere realmente uno degli anelli di quella lunga catena che porta i giocattoli fino nelle mani di quei bambini. In fondo Federico vive da solo in un piccolo appartamento ed ha un box. Non sarà certo un problema lasciare per qualche giorno l'auto in strada, del resto l'ha fatto tante volte e solo perché rientrato stanco non aveva voglia di fare manovra per entrare nel box.

Eppure c'è qualcosa che lo lascia turbato. E' troppo bello per essere vero, potrebbe esserci dietro una truffa? Federico non è uno stupido e sa che "chiama subito il numero verde" non vuol dire davvero "fallo immediatamente". Passa tutto il giorno a cercare l'intoppo. Per prima la cosa più semplice, internet. Google: "ACME Onlus truffa". Solo un paio di risposte su *Yahoo Answers* in cui qualcuno chiede se può essere una truffa e qualcun altro risponde "se non ti chiedono soldi non possono truffarti". Del resto era quello che aveva pensato subito. La ACME Onlus ha un sito internet ben fatto, accattivante, in cui viene spiegata nel dettaglio l'attività dell'azienda. Tutto sembra combaciare con quanto letto nell'articolo. L'azienda sembra seria, la logica dei trasporti, oltre che credibile, appare anche piuttosto furba.

Federico decide di contattarli giurando a sé di tirarsi indietro appena qualcuno gli avesse chiesto dei soldi a qualsiasi titolo. "In queste cose è importante darsi delle regole precise prima di iniziare un rapporto in cui ci si può esporre emotivamente" pensò, ed effettivamente è il modo giusto di porsi. Il giorno dopo compone il numero verde letto sotto l'articolo. Dall'altro capo del telefono risponde una giovanile voce femminile:

Federico *Buongiorno, ho letto l'annuncio sul giornale e vorrei aderire all'iniziativa.*

Stefania *Buongiorno a lei, sono Stefania. Lei è un privato o un professionista? Si occupa di trasporti?*

F *No, sono un privato, avevo letto che cercavate depositi provvisori per... ehm...*

S *Ah, bene, chiama per l'immagazzinamento. Per fortuna, eravamo un po' a corto di magazzini. Dimensioni?*

F *E' un box di quattro metri per cinque.*

S *Indirizzo?*

F *Via Manzoni, 18.*

S *E' disponibile da subito?*

F *Si, certo.*

S *Mi dà cortesemente il suo nome ed un recapito telefonico?*

F *Io mi chiamo Federico, il mio numero è 333.*********

S *Bene. La contatteranno i trasportatori per il deposito ed il prelievo della merce, può prendere liberamente accordi direttamente con loro. Le chiedo solo di ricordare che i trasportatori sono dei professionisti che, come lei, prestano il servizio a titolo gratuito, è importante un po' di flessibilità di orario. Ha domande?*

F *Va bene, farò il possibile. Devo pagare qualcosa?*

S *Non sono previsti pagamenti di nessun genere ed i trasportatori non sono autorizzati a chiedere compensi. Nel caso, per favore ce lo segnali immediatamente.*

F *Va bene*

S *Grazie mille per la disponibilità. Se ci dovessero essere problemi può richiamare il numero verde e chiedere di me, mi chiamo Stefania. Saluti*

"Bene" pensa Federico. *"Anche il call center mi sembra piuttosto professionale. Ma sì, in fondo deve essere tutto ok, del resto potrei io truffare loro rubando parte della merce, no?"*.
Dopo qualche giorno il telefono di Federico squilla:

Federico *Pronto?*

Trasportatore *Pronto, parlo col signor Federico?*

F *Sì? Chi parla?*

T *Sono Antonio, corriere TNT. Io avrei la disponibilità il giorno 16 verso le 7.00 del mattino. Le può andar bene? Ho 280 scatole di bambole, sono quattro pallet.*

F *Per me ok, solo... io sono un privato, non ho muletti.*

T *Io ho la sponda ribaltabile ed un transpallet manuale, non si preoccupi. Mi conferma solo l'indirizzo, via Manzoni, 18. Giusto?*

F *Sì, giusto.*

T *Bene, allora ci vediamo mercoledì. Saluti.*

F *Salve.*

"Bambole? Per i bambini poveri? Wow!" pensa Federico.
Dopo due giorni il cellulare suona di nuovo:

Federico *Pronto?*

Trasportatore *Buongiorno Federico, sono Giulio, un corriere della SDA. La chiamo per un ritiro di merce per conto della ACME Onlus.*

F *Si, salve, aspettavo la sua chiamata.*

T *A sistema vedo che la merce è disponibile dalla mattina del 16, corretto?*

F *Esatto, si.*

T *Ecco, se per lei può andar bene, io finisco il turno alle 18.00, potrei passare verso le 18.30 del 16 da lei. Oppure la mattina dopo. Cosa preferisce?*

F *Per me va bene la sera del 16. L'indirizzo è via Manzoni, 18.*

T *Benissimo allora. Sono quattro colli giusto?*

F *Si, esatto. Quattro pallet.*

T *Bene, allora a mercoledì.*

Finalmente arriva il giorno 16. Federico è contento, ma ancora un po' scettico, non sa neanche lui spiegarsi il perché. Si sveglia come al solito, ma sa che alle 7.00 deve accogliere duecentoottanta scatole di bambole. Fa colazione con latte e biscotti, con calma, come non faceva da tempo. Vivere da soli fa acquistare strane abitudini, ma oggi non può andare al bar, farebbe tardi al lavoro, e così la sera prima ha aquistato una busta di latte ed un pacco di biscotti. Sembra il primo passo di una vita nuova, vita in cui può finalmente sentirsi davvero utile, ospitando nel proprio box delle bambole per dei bambini che anche grazie a lui sorrideranno una volta in più.

Ore 7.03, sente bussare il citofono. Risponde. E' Antonio.
Scende, apre il garage. Antonio abbassa la sponda idraulica di un piccolo furgoncino e con un piccolo trans pallet deposita nel garage di Federico quattro pallet di legno con sponde in cartone rinforzato, ciascuno con settanta scatole colorate. Non sono tutte uguali, sembrano quasi alla rinfusa.
Antonio ringrazia della disponibilità, fa firmare una ricevuta di consegna e va via. Federico ringrazia a sua volta e respirando uno sbuffo di gas di scarico di un piccolo furgoncino osserva quelle quattro pile di scatoli colorati ad altezza d'uomo. Sono pieni di bambole, robot, dinosauri, peluche. Federico guarda questa montagna di scatole e già immagina le tremanti dita del bambino che le aprirà col cuore colmo di gioia.

Per Federico quella giornata passa in maniera diversa. Il solito noioso lavoro, oggi, è un po' meno solito del solito. E' noioso in maniera diversa. In lui qualcosa è cambiato, ed è felice di questo.

Dopo il lavoro rientra dritto a casa, senza fermarsi al bar come spesso faceva. Non era certo un abitueé, ma senza nessuno che aspetta a casa la tentazione di allungare la strada del ritorno è forte. Quella sera però è diversa. Qualcuno a casa lo aspetta, anche se non lo conosce nemmeno.

Ore 18.35, il citofono suona nuovamente. Questa volta è Giulio che con una manovra simile a quella già vista la mattina, carica i quattro pallet, fa firmare una ricevuta e va via ringraziando.

Quella che segue è una delle notti più tranquille che Federico ricordi. Quando era piccolo la madre lo chiamava "il sonno del giusto".

La mattina seguente alle 6.08, il citofono suona nuovamente: "Pronto, qui la Guardia di Finanza. Per cortesia apra la porta".

***

Che cosa è successo a Federico? Cosa è andato storto?

Per poterlo capire è necessario cambiare il punto di vista, una cosa estremamente difficile da fare, soprattutto nel caso di truffe dove apparentemente non sono coinvolte transazioni economiche. L'affare sembrava sicuro; non c'erano soldi di mezzo, quindi la possibilità che potesse essere una truffa era davvero remota. Il modo in cui era stata posta tutta la faccenda inoltre sembrava effettivamente l'unica spiegazione plausibile. Qualsiasi altra interpretazione appariva paranoicamente complottista.

In questo particolare tipo di Nigeriana non viene sfruttata l'avidità o l'ingordigia delle persone, bensì il loro spirito umanitario o la debolezza sentimentale. Il metodo truffaldino non è affatto scontato e contrariamente ad una Nigeriana classica il solo buon senso o una ricerca in rete non aiutano a snidare il raggiro. Sono le truffe più infami che si possano pensare.

Cambiamo dunque punto di vista, ed immaginiamo di essere il truffatore, mettiamoci nei suoi panni. Siamo riusciti a clonare alcune carte di credito oppure a crackare alcuni metodi di pagamento elettronici come account Paypal o portafogli elettronici. Sappiamo che il vantaggio sul truffato generalmente dura poco. Da pochi giorni o settimane nel caso di furto di password, fino a poche ore nel caso di clonazione di carte di credito fino a che queste vengano prontamente bloccate dagli Enti di emissione. L'utilizzo delle carte clonate deve essere fatto in una soluzione unica, perché se anche la prima dovesse passare liscia, la seconda verrebbe certamente intercettata e bloccata. Inoltre prelevare contante o fare acquisti utilizzando fisicamente la banda magnetica clonata è molto rischioso. Le strisciate delle carte di credito vengono registrate e tracciate, sarebbe necessario quindi fare un acquisto in un negozio, mostrare la propria faccia a negozianti e telecamere e poi abbandonare rapidamente la zona geografica col rischio di lasciare dietro di sé una scia di dati che porterebbe le indagini fin dentro casa. E poi lasciare rapidamente una zona dopo l'acquisto, allontanandosene a sufficienza e molto rapidamente è una cosa difficile e costosa.

Insomma far vedere in giro la propria faccia e soprattutto fornire la propria posizione al gestore della carta ed alla Polizia non è certo una buona idea. L'utilizzo via internet è molto più sicuro perché, con alcuni accorgimenti, è possibile garantirsi l'anonimato, ed è possibile fare acquisti in luoghi molto distanti dal proprio luogo di residenza. E se poi non è una carta di credito ad essere stata clonata, bensì un portafogli elettronico che è stato violato, il suo sfruttamento può essere fatto solo su internet. E' necessario dunque acquistare merce ad alto valore intrinseco, che occupi poco volume, che non si deprezzi rapidamente, possibilmente privo di numero di serie e quindi non tracciabile, ed infine che sia facilmente smerciabile. Mica facile... non per nulla in genere la prima scelta di acquisto con carte di credito clonate ricade su alcuni tipi di medicinali che possono essere poi rivenduti sul mercato nero. Ma non è questo il caso di Federico.

Una *Barbie* ha un costo piuttosto elevato, non ha numero di serie e la si smercia facilmente su bancarelle abusive, su un circuito quindi più accessibile rispetto al mercato nero dei medicinali. I giocattoli inoltre passano spesso inosservati alle autorità e gli acquirenti non fanno poi tanti controlli.

Resta però un problema. Quando si acquistano beni online questi devono essere spediti. Serve quindi un indirizzo fisico, un destinatario, qualcuno da bruciare e da cui poi recuperare la merce una volta "ripulita" dalla consegna e successivo prelievo. Questo destinatario sarà proprio il punto d'origine delle indagini della Polizia. E qui, purtroppo, entra in gioco Federico.

Perché è una Nigeriana? Perché il processo psicologico è lo stesso. La vittima non vince soldi, ma uno stato d'animo che anela. Gli ingredienti classici ci sono tutti, c'è la grossa società che ha bisogno del privato, c'è la pressione psicologica dei bambini che saranno tristi al prossimo Natale. L'unica cosa che manca è l'assurdità della situazione. Ma qui non serve, perché la truffa è confezionata talmente bene che non è necessario essere dei polli per essere spennati, basta avere un cuore tenero. Anzi, a dire il vero per non cadere in una trappola del genere bisogna essere piuttosto paranoici. Purtroppo riuscire a cambiare il punto di vista in questo caso è particolarmente difficile. Ci sono organizzazioni estremamente preparate nel fare questo tipo di truffe. Nulla è lasciato al caso. Dal sito internet all'annuncio sul giornale, al fatto che se il truffato abbocca da solo senza essere contattato, avrà quel falso senso di sicurezza che non gli permetterà di aprire gli occhi fino all'ultimo momento. La foto del bimbo di colore che sorride, stereotipo di tutte le associazioni a favore dei bambini. Perfino il numero di telefono. Un numero verde, per togliere ogni dubbio ed ogni esitazione.

Quanto costa spostare un'auto

Francesco è un impiegato, ha una vita piuttosto normale. Alcuni la definirebbero noiosa, ma a lui sta bene. Ha una moglie e due bambini. Alice ha otto anni e Alessandro tre. E' abitudinario, la sua vita scorre più o meno in un binario prefissato ed i giorni si assomigliano tutti. Ogni mattina fa colazione in un bar sotto il proprio ufficio e si rilassa qualche minuto leggendo il giornale prima di entrare in ufficio.

Sono tre le cose che non sopporta. Le donne con le labbra rifatte, il caffè freddo e l'odore di fumo. *"Sono cose che rendono le persone sciatte"* dice sempre. Sono l'emblema della superficialità, della pigrizia. Le labbra rifatte piacciono solo alle donne; lo fanno per piacere agli uomini, ma lui non conosce nessun uomo a cui piacciano, semplicemente qualcuno le ha convinte che siano belle così. La superficialità sta nel crederci, nel non verificare. Il caffè freddo, che dire, dalla macchinetta esce caldo, se arriva freddo al tavolo vuol dire che qualcuno non ha dato abbastanza peso al fatto che lasciandolo lì ad aspettare non può far altro che raffreddarsi. L'odore di fumo poi, la pigrizia di non uscire fuori, la superficialità di pensare che poi basta aprire una finestra, ma non basta, l'odore di fumo resta, nei muri, nei vestiti, e non va più via. E anche la superficialità di iniziare a fumare senza porsi il problema di non riuscire più a smettere, la pigrizia di non smettere. Sono dei tarli per Francesco, sa bene che non è saggio etichettare le persone, che ciascuno ha la propria individualità, ma queste tre caratteristiche vanno ben oltre le etichette. Sono per lui dei punti di riferimento con cui valutare le persone.

Sono tanti anni che frequenta quel bar, tanto che il barista gli da del tu e lui ogni giorno ordina "il solito". Cambiare bar neanche a parlarne, in tanti anni qualche caffè freddo effettivamente è arrivato, ma ormai lui si è tarato per evitare tragedie come questa, quindi perché rischiare? Un giorno, il suo vicino di sgabello esclama a mezza voce, *"io il caffè freddo proprio non lo sopporto"*, e poi a voce un po' più alta: *"barista, mi perdoni, il mio caffè... potrebbe farmene un altro più caldo?"*. Sul volto di Francesco appare una smorfia di approvazione. *"Io la mattina prendo il cappuccino"* dice. *"Fanno la schiuma col vapore, quindi deve essere caldo per forza. Purtroppo qui a volta il caffè arriva freddo"*. I due iniziano a parlare del più e del meno. A Francesco quel volto risulta familiare. A pensarci bene sono mesi che ogni giorno su quello sgabello c'è quel signore, ne ricorda il volto come sopito nella propria mente, ma non si era mai soffermato a parlarci.

Da quel momento, incontrandosi tutti i giorni al bar, i due prendono l'abitudine di scambiare due parole prima di iniziare la giornata lavorativa. In particolare iniziano a commentare i principali articoli del giornale che Francesco legge. Si trovano più o meno d'accordo sulla maggior parte degli argomenti, tranne quelli in cui si parla di politica. Francesco è di sinistra, mentre Fabio è di estrema destra. Sebbene non sia possibile trovare un punto di incontro, i due punti di vista non sono completamente opposti, ed è molto interessante capire le motivazioni di chi è dall'altra parte. Anzi il dialogo è molto vivace, ricco di spunti e mutuamente formativo.

Passa un anno. Quasi ogni giorno, dietro ad un cappuccino ed un caffè a volte troppo freddo, si sviscerano i più svariati argomenti, dalla politica all'etica, dal gossip all'economia. Un uomo adulto ha spesso un concetto di amicizia abbastanza complesso, tanto da non soffermarsi più nemmeno a distinguere tra amici e conoscenti all'interno della propria cerchia sociale. Tuttavia pur senza voler deformare stereotipi con lo scopo di calzarli su persone reali, bisogna ammettere che quella tra Fabio e Francesco è una cosa quanto più vicino possibile ad una amicizia sincera.

Un mattino Fabio è visibilmente turbato. Francesco gli fa qualche battuta di spirito, ma evidentemente Fabio non è dell'umore adatto. E' scuro in volto e visibilmente infastidito da qualcosa. Francesco tenta in tutti i modi di farsi dire qual'è il problema, e alla fine Fabio cede. Ha ricevuto un'email, deve partire urgentemente per gli Stati Uniti per un meeting di lavoro, e deve restarci una settimana. La sera prima è andato con amici a bere in quel nuovo bar in via

Petrarca, quello di cui avevano parlato qualche giorno prima. Avendo bevuto un po' troppo aveva preferito farsi accompagnare a casa da Enrico, l'astemio del gruppo comunemente immolato ad accompagnatore in serate come quella. In quella zona trovare parcheggio è un inferno, ha quindi lasciato l'auto in garage. Se la lascia lì tutta la settimana è praticamente un salasso, ma sua moglie non guida e se attraversa la città per recuperare l'auto rischia di perdere l'aereo:

Francesco *Ma scusa, io passo di lì in autobus. Posso portartela io a casa...*

Fabio *Uhm... no, lascia stare. Non è per te, ma lo sai... l'auto è come la moglie... non si presta...*

Fr *Va bene, come preferisci. Sei un cretino comunque.*

Fa *Non ti offendere... però in fondo... no, ma non è il caso.*

Fr *Guarda, secondo me sei fesso. Io non ci perdo niente, e poi tu hai una Croma del 1998, che se te la ammacco rischio solo di migliorarla.*

Fa *Effettivamente... guarda se puoi farmi questo favore te ne sarei grato. Qui sono le chiavi e questo è il biglietto del garage. Questo è il numero di mia moglie, ti apre il box e le dai le chiavi. Grazie mille, ci vediamo la settimana prossima.*

Francesco prende le chiavi e va in ufficio dove trascorre la sua solita giornata di lavoro. Si sente soddisfatto; in fondo ha fatto un favore ad un amico, e poi non gli costa veramente nulla. Alle 18.00 esce, prende l'autobus e scende in via Petrarca. Entra in garage, inserisce il biglietto nella cassa automatica e paga. Tiene lo scontrino da dare a Fabio. Trovare l'auto non è difficile, è un garage piuttosto piccolo, la individua, la accende, apre le sbarre ed esce fuori. Appena è fuori dal garage due cani iniziano ad abbaiare in maniera forsennata vicino al suo cofano. Fa attenzione a non investirli e pensa *"ma tu guarda questi cani, ma il padrone che fa?"*, si gira verso i padroni con sguardo severo, sono due, hanno una strana pettorina blu con una scritta bianca. Gli puntano contro una pistola e gli ordinano di scendere. Francesco riesce solo a leggere sul loro giubbetto scuro quella scritta in stampatello "POLIZIA".

***

Ancora una volta, cosa è successo?

Questa tecnica è stata utilizzata per un breve periodo dalla criminalità organizzata a cavallo tra gli anni '70 e '80. Una partita di droga entra nel paese ed inizia a girare voce di una soffiata. Il carico inizia a scottare. Non si può perdere tutta la partita solo per delle voci, ma non si può nemmeno rischiare di farsi pizzicare. Anche in questo caso quindi serve qualcuno da "bruciare". Bisogna cercare una persona tranquilla, abitudinaria, che abbia delle caratteristiche osservabili, come ad esempio quella di odiare il caffè freddo. Vengono raccolte notizie da diversi informatori, viene scelta una vittima, in questo caso Francesco. Fabio si mette subito al lavoro, inizia a prendere il caffè in quel bar a quell'ora, ma senza rivolgere la parola a Francesco. E' di vitale importanza non insospettirlo, Francesco deve semplicemente abituarsi alla faccia di Fabio, che nel frattempo tenterà più volte di farsi rivolgere la parola, con calma, senza attirare l'attenzione. Nel frattempo la droga viene inserita nel telaio di una vecchia Croma del 1998 che viene parcheggiata in un garage in via Petrarca, dove avverrà lo scambio con il clienti. Il carico scotta sempre di più. Le voci sulla soffiata si fanno sempre più insistenti. Le opzioni sono due. O si lascia stare e si perde il carico, col rischio che la soffiata risulti poi fasulla e che in realtà la Polizia non sappia niente, oppure si va a prendere il carico e si rischia l'arresto. Intanto la persona "pulita" è stata individuata, e deve essere circuita in modo che prenda il carico e lo trasferisca. Non sapendo niente lo farà senza nervosismi, e se la soffiata non esiste farà uscire tranquillamente il carico e lo consegnerà a domicilio dei clienti fin dentro il box che usano come magazzino di scambio, ovvero quello della "moglie" di Fabio. Se viceversa la soffiata è reale Francesco sarà pizzicato dalla Polizia.

Alla fine Francesco può avere qualche possibilità di convincere le autorità della propria innocenza. Passerà brutti momenti, ma al giorno d'oggi questa manovra è abbastanza conosciuta dalle forze speciali. Tenterà poi di fare l'identikit di Fabio. La Polizia avrà in mano tante informazioni e un disegno accurato della sua faccia, ma nel frattempo Fabio sarà tornato a vivere in Colombia, dove viveva fino ad un anno prima. E tutte le notizie circa la sua vita sono posticce, create a tavolino per produrre quella persona, amica di Francesco, ma in realtà inesistente.

Situazioni come queste non possono nemmeno essere propriamente dette truffe. Ma se si volesse comunque definirle in questo modo sarebbero certamente Nigeriane. Viene infatti carpita la buona fede della vittima che pensa di fare un favore ad un amico ed invece si mette in guai seri. La truffa può durare anche molto tempo, come del resto altre Nigeriane (ricordate il magistrato Claudia?) dove però vengono gestite molte vittime contemporaneamente. Qui la vittima è una sola, viene selezionata senza l'uso di internet, viene pedinata fisicamente per molto tempo, ed il truffatore si espone in prima persona in modo continuo. Il costo è quindi certamente superiore, giustificato solo dal valore economico del carico da recuperare.

Truffa di Valentin

Freddo

Mauro è un imprenditore, ha una piccola azienda di trasporti, possiede due camion ed è specializzato in piccole e medie spedizioni in Italia e centro Europa. Fino a qualche anno fa era sposato con Lara, ma le cose non andavano bene. Non avevano avuto figli, la scelta era stata consensuale, ma poi Mauro aveva cominciato a cambiare idea. Lara no, non si sentiva adatta a fare la madre, perdere la libertà la spaventava troppo, così diceva. Non era una cattiva donna intendiamoci, semplicemente non si sentiva portata per fare la madre, cosa rara per il gentil sesso, ma pur sempre possibile.

Dopo la separazione Mauro era andato in depressione, nulla di grave eh, in fondo la depressione non è come l'influenza, non è una vera malattia della quale potersi ammalare, e quindi non è nemmeno possibile guarirne. E' più uno stato d'animo che si può lenire distraendosi, magari con il lavoro. Almeno questo è quello che pensava Mauro, contrariamente al parere di alcuni medici che aveva visto, secondo i quali invece la depressione è una malattia grave e subdola dove per guarire bisogna prima riuscire ad ammettere davanti allo specchio di esserne affetti. Figuriamoci, i medici, sempre i soliti. E' come chiedere all'oste se il suo vino è buono.

Un giorno Mauro riceve una mail di Nadia. Una mail piuttosto sgrammaticata a dire il vero, ma Nadia non è italiana. E' una ragazza russa di 32 anni, vive a Kaluga, una città a 150 Km da Mosca. E' una piccola città e lei vive da sola perché in Russia a una certa età si va via da casa dei genitori. Conosce l'italiano perché suo padre è originario della Calabria, e andò a vivere in Russia per trovare lavoro come operaio. Ma Mauro tutto questo lo apprende in seguito, continuando a scambiarsi mail con Nadia. Nella prima invece le informazioni erano solo tre, l'età della ragazza, una sua foto ed una richiesta, una stufa a legna. Si avvicina l'inverno, stagione che in Russia sa essere davvero spietata. Nadia non se la passa poi tanto male, ha un lavoro come commessa, ma il gas costa, e costa la caldaia, e costa riparare l'impianto di quella casa molto vecchia che ha iniziato a dare segni di cedimento. La legna costa molto meno e soprattutto la si può comprare d'estate quando costa poco e conservarla per l'inverno. Ma Nadia non ha una stufa a legna, e cerca qualcuno disposto a vendergliela per pochi soldi, magari anche piuttosto vecchia.

Mauro è un uomo, e come qualsiasi uomo prima di finire di leggere la mail apre l'allegato per vedere la foto. Doppio click e un brivido gli corre lungo la schiena. La foto ci mette un paio di secondi ad aprirsi su quel vecchio computer, il tempo necessario per ricordarsi che il tecnico gli aveva detto di non aprire mai allegati da sconosciuti, fossero anche semplici foto, perché possono nascondere dei virus. Questa volta però Mauro è fortunato, l'allegato è una foto autentica senza alcun contenuto ostile.

Nadia è carina, la foto è un *selfie*, se l'è scattata da sola col telefonino, abbastanza impietosa rispetto ad un naso un po' più pronunciato di quello che nell'immaginario italiano una bella ragazza russa dovrebbe avere. Si notano anche le prime rughe nascere su un volto non più da ragazzina. Però nel complesso Nadia non è brutta, anzi, sembra una ragazza molto dolce.

Mauro decide di risponderle, così, senza un reale motivo. Semplicemente per sentire la propria casa meno vuota. Quel vuoto è diverso dalla semplice mancanza di persone, è un vuoto di persone che prima c'erano ed ora non ci sono più, è un vuoto graffiante, che mette all'angolo. Mauro non ha una stufa a legna e le dice che ne mantiene un vivo ricordo di quando era bambino perché l'aveva vista a casa dei nonni, ed era già fuori servizio all'epoca. Non ricorda di averne mai vista una in funziona in Italia. Lo scambio di email si fa abbastanza fitto, non passano un paio di giorni senza che almeno uno dei due scriva qualcosa. Non cose di grossa importanza, Mauro le racconta un po' del suo lavoro, pur senza esporsi dal punto di vista economico, Nadia gli racconta di quand'era bambina, dei suoi sogni. Mauro si apre, le racconta di sua moglie. Ha semplicemente bisogno di parlare con qualcuno e Nadia sa ascoltare, pardon, leggere, e rispondere in modo empatico. Anche Nadia ha infatti attraversato momenti simili, sa cosa vuol dire, anche se i dettagli delle storie sono ovviamente molto diversi. Si è lasciata col fidanzato ormai da sei mesi, non rimpiange la decisione, ma sa cosa vuol dire tornare a casa dopo il lavoro e sapere che non c'è nessuno ad aspettarla. Le storie si intrecciano, ci si racconta sé stessi con sempre maggiore sincerità.

Come si suol dire, i due si trovano. Hanno interessi simili, storie molto diverse ma con un filo conduttore analogo. Anche le passioni e gli interessi sono diversi, ma incredibilmente compatibili. Man mano che si va avanti Mauro inizia ad avere un senso di inadeguatezza. Nadia è un fiore, delicato e prezioso, che sta sfiorendo anzitempo a causa di una vita molto dura. Lui non ha una vecchia stufa a legna, non ha i cd di musica pop che Nadia gli chiede, non ha nemmeno delle vecchie coperte da inviargli per rendergli l'inverno meno difficile da superare. Eppure Nadia si limita a chiedere questo, pur dichiarandosi molto povera non chiede soldi, si limita a fare dei velati riferimenti a desideri che sa resteranno tali per tutta la vita.

Un giorno Mauro prende una decisione. E' il compleanno di Nadia e vuole farle un regalo, ma dopo tanti anni di matrimonio, il suo matrimonio, ovvero qualcosa di morto ancor prima di nascere, non si sente capace di guardare il mondo con gli occhi dell'amata. Non si sente in grado di fare una scelta; ci aveva provato, era entrato in profumeria ed aveva osservato quelle vetrine zeppe di boccette dai profumi delicati alcune, eccitanti altre, davvero troppo forti altre ancora. Le sue mani avevano cominciato a sudare, si sentiva davvero impacciato e neanche l'intervento di una gentilissima e professionalmente discreta signorina era riuscito a toglierlo da quell'impaccio. E poi nella testa gli rimbombavano le parole di Nadia. *"Bisogna fare attenzione a spedire qui in Russia, sai, la dogana. . . a volte sei sfortunato e trovi il poliziotto sbagliato. . . i regali non arrivano più."*. E se avesse trovato il poliziotto sbagliato? E se anche tutto fosse filato liscio, ma avesse scelto il profumo sbagliato? Un profumo non gradito a Nadia? O magari qualcosa che in Italia va forte, ma in Russia può essere considerato non appropriato? Nadia non gli avrebbe mai detto nulla e lo avrebbe comunque ringraziato, lasciandolo quindi nel dubbio in ogni caso.

E se gli avesse regalato dei soldi? Forse era la cosa di cui Nadia aveva più bisogno pur senza chiedere in modo esplicito. Forse l'avrebbe potuta offendere? Eppure considerando la differenza di età, le difficoltà oggettive e soprattutto il fatto che Nadia aveva più volte affrontato l'argomento spiegandogli che in Russia si è molto. . . *sciolti* diceva lei, nel senso che non ci si offende per sciocchezze come a volte fanno gli Italiani.

Alla fine Mauro optò per del denaro. *Money Transfer*, è il metodo più rapido, e poi per piccole cifre il servizio è poco costoso e piuttosto sicuro. Nadia ne fu molto contenta e ringraziò di vero cuore. Inviò a Marco anche alcune foto degli acquisti fatti con quei soldi. Vestiti. Piuttosto corti.

Freddo

La storia andò avanti per lunghi anni; Mauro le inviava denaro per compleanni e feste, a volte anche senza motivo, solo perché ne aveva voglia. Nadia era sempre molto contenta e ricambiava con parole magari scontate, ma che fanno bene al cuore.

***

E' certamente capitato a molti di ricevere mail da ragazze come Nadia. Certo il nome sarà stato diverso, la storia anche, ma il testo più o meno sgrammaticato lascia intendere sempre la medesima azione. Si chiama *"truffa alla Russa"*, oppure *"truffa di Valentin"*, da *Valentin Michajlin* che nel 1999 la utilizzò per la prima volta. Nel prossimo capitolo leggeremo la sua storia, tuttavia come apertura ho preferito raccontare la versione più comune e probabilmente la più conosciuta.

Secondo la letteratura classica la Truffa alla Russa è un particolare tipo di Nigeriana. E' infatti un raggiro solitamente informatico, si basa sullo sfruttamento emotivo di persone fragili e le vittime vengono selezionate in modo massivo mediante spam. Sebbene abbia alcuni tratti caratteristici in comune con le Nigeriane, personalmente ritengo che questo tipo di truffa appartenga ad una categoria a sé e non possa essere considerata a tutti gli effetti una Nigeriana per alcuni importanti motivi. In primo luogo manca la caratteristica di *iperbolicità*. Non vengono promesse vincite miliardarie, non vengono raccontate storie assurde e ben poco credibili e tipicamente non si fa leva sull'ingordigia della vittima.

La caratteristica principale di una Truffa alla Russa è infatti quella di essere *soft*. Vengono raccontate storie tutto sommato credibili, non verificabili perché avvengono in un paese lontano, la Russia nella stragrande maggioranza dei casi. Vengono sfruttati dei luoghi comuni, e come ben sanno gli *"hoax hunter"*, i cacciatori di Bufale, quando si conferma un luogo comune ad una persona profondamente convinta della sua veridicità, si instaura un contatto empatico e si abbattono gran parte delle sue difese razionali. Le richieste di soldi inoltre non sono quasi mai un *do ut des*, la vittima cede spontaneamente piccole somme senza l'aspettativa di guadagni futuri, se non semplice gratitudine.

Dal punto di vista del truffatore, la cosa è molto semplice. E' necessario innanzitutto procurarsi delle *mailing list*, delle liste di indirizzi di posta elettronica. Molti, moltissimi, perché al giorno d'oggi è estremamente comune trovarsi quotidianamente la casella di posta elettronica invasa da messaggi non richiesti tra pubblicità, offerte di strani lavori, opportunità di forti guadagni in borsa, ecc. Trovare persone come Mauro non è semplice ed è necessario quindi partire da liste di indirizzi quanto più vaste possibile per avere maggiori probabilità di riuscita. Ci sono alcuni comportamenti degli internauti, fortemente sconsigliati dalla *netiquette*, che facilitano di molto il lavoro dei truffatori che utilizzano lo *spamming*. La netiquette è una sorta di elenco di regole etiche per il buon uso della Rete, e ad esempio sconsiglia vivamente l'utilizzo di vaste liste di distribuzione nei campi A: e Cc: (destinatario e copia per conoscenza). Secondo le regole questi due campi andrebbero utilizzati solo per pochi destinatari e solo quando è strettamente necessario che tutti i riceventi abbiano la consapevolezza dell'identità degli altri riceventi. Se al contrario si vuole mandare una mail a decine di persone, semplicemente per informarli di un evento, e non è necessario che ciascuno sappia a quali altre persone è stato inviato il medesimo messaggio, è buona norma utilizzare il campo *Ccn:*, ovvero "copia per conoscenza nascosta". Il destinatario in copia nascosta, così come anche i destinatari compresi nei primi due campi, potrà vedere sia il contenuto dell'email, sia l'identità dei destinatari in chiaro, ma l'email non porterà con sé alcuna informazione, nemmeno nascosta, sull'identità dei destinatari nascosti.

E' possibile invece osservare spesso un uso indiscriminato del comando "Rispondi a tutti", quel comando presente in ogni programma di posta elettronica che consente di rispondere automaticamente includendo tutti i destinatari della mail originale. Se poi in ogni scambio viene aggiunto qualche destinatario iniziano a circolare mail zeppe di nominativi, spesso di persone neanche realmente interessate al loro contenuto, che se cadono nelle mani di uno *spammer* diventano una vera miniera d'oro. E perché finiscano nelle mani sbagliate basta che anche uno solo dei destinatari abbia il pc infettato da qualche virus che si prenda la briga di inoltrare di nascosto ogni mail in uscita.

Esempi classici sono le scuole, le sale da ballo, le palestre. Viene inviata una mail a tutte le mamme per comunicare una festività scolastica, oppure una gara di ballo che ha cambiato orario, o qualsiasi altro evento più o meno importante. Viene inviata una mail con questa informazione, asettica, asciutta, che non richiede risposta, non è necessario che decine e decine di destinatari conoscano l'identità degli altri destinatari, eppure l'intera mailing list viene riportata in chiaro, con due effetti negativi; il primo, banalmente, è che ciascun destinatario conoscerà l'indirizzo di posta elettronica privato di *tutti* gli altri, cosa che potrebbe infastidire in quanto l'indirizzo è in ogni caso un dato sensibile che non va diffuso *urbi et orbi*; dall'altro che se anche uno solo dei destinatari ha un computer *zombie* (cioè con un virus che ruba i contenuti e li invia a destinatari specifici), o anche solo una connessione a internet non sicura, l'intera lista di indirizzi è a rischio di furto.

Vi siete mai chiesti come mai, spesso, scrivendo a qualcuno, nel testo della mail appaia il suo nome e cognome invece del suo indirizzo email? Ad esempio Tizio scrive a Caio che inoltra la mail a Sempronio. Sempronio leggerà l'email con l'indirizzo in chiaro di Caio che è il mittente, ma nel testo inoltrato leggerà solo il nome di Tizio, e non tutto l'indirizzo email. Questa è una tecnica usata da alcuni programmi di posta elettronica per tentare di arginare un altro comportamento scorretto tipico degli internauti. Nel caso specifico Sempronio potrebbe non essere interessato a tutto il testo della mail inviata da Tizio, magari la mail proveniva da altri scambi con altre persone, e quindi sotto il testo che Caio ha ritenuto di inviare a Sempronio è presente molto altro testo proveniente da email precedenti e magari neanche pertinenti. La netiquette richiede a Caio in questo caso di *cancellare* le parti di testo non interessanti. In particolare di cancellare gli indirizzi email di persone, come Tizio, che hanno partecipato a scambi precedenti e che non sono nemmeno più incluse nei successivi inoltri. Questo per evitare che i loro indirizzi continuino a circolare, peraltro a loro insaputa, per semplice negligenza degli utenti del servizio. I *client* di posta elettronica allora spesso risolvono a monte. Tutti gli indirizzi delle mail precedenti vengono sostituiti con un *alias*, un nome alternativo prelevato dalla rubrica, e tipicamente composto da nome e cognome reale, oppure dal soprannome. In questo modo il contenuto informativo resta, si sa chi ha scritto quel messaggio, ma al potenziale spammer viene sottratta l'informazione sull'indirizzo di posta elettronica.

Un'ultima considerazione; come appena visto i programmi possono decidere autonomamente di sostituire un indirizzo con un *alias* prelevato dalla rubrica. Le mail possono essere inviate anche dallo *smartphone* tanto di moda oggigiorno, e la rubrica appunto potrebbe essere quella del telefono. Questo è un buon motivo per non memorizzare persone con nomignoli come *"essere fastidioso"* oppure *"incubus"*, perché prima o poi capiterà di inviargli una mail. Anche in questo caso è importante un cambio del punto di vista. Magari registriamo una persona in rubrica focalizzandoci sul suo numero di telefono senza pensare che in un futuro magari prossimo utilizzeremo quelle informazioni per un uso differente, come l'invio di un messaggio di posta elettronica che verrà inviata al destinatario *"essere fastidioso"* ed in copia alla sua segretaria ed al Presidente di Sezione.

Valentin

Novembre 2003, Mirko ricevette questa email:

Caro Amico, per favore scusami per il disturbo arrecato da questo messaggio. Mi chiamo Valentin, e sono uno studente. Vivo in Russia, a Kaluga, una piccola citta a 200 Km da Mosca. Vivo da solo con una madre non vedente che ha continuo bisogno di aiuto. Riceviamo molto raramente dei sussidi governativi del tutto insufficienti persino per le medicine.

Lavoro tutto il giorno per provvedere ai nostri bisogni, ma guadagno davvero poco non avendo ancora terminato gli studi. A causa della crisi il governo ha staccato la fornitura di gas nella nostra zona e non abbiamo più la possibilità di riscaldare le nostre case. Non so cosa fare perché secondo le previsioni sta arrivando uno degli inverni più freddi degli ultimi anni e la temperatura scenderà sotto i -30°C. Se la temperatura interna della nostra casa scenderà sotto i -5°C non ci sarà più alcuna speranza di sopravvivere. Già molte persone sono morte di freddo nelle loro case, ma le autorità corrotte non ci informano sul loro reale numero.

Sono riuscito ad ottenere un collegamento ad internet dalla mia scuola in orario serale e con questo ho recuperato alcuni indirizzi email, tra cui il tuo, per lanciare un appello disperato. Se hai dei vestiti caldi, una stufa elettrica, cibo che possiamo consumare senza cuocerlo, o qualsiasi prodotto

Valentin

per l'igiene, ti sarei molto grato se potessi spedirlo a:

Valentin Michajlin

Ryleeva Street, 6-45

Kaluga. 248030,

Russia.

Se invece pensi che sia più facile per te aiutarci con del denaro, per favore scrivimi e ti fornirò i dettagli per mandarmelo in modo sicuro. Qui i generi di prima necessità non sono affatto cari, e inviare del denaro è un ottimo modo per aiutarci.

Spero di avere presto tue notizie e che troverai il modo di aiutarci a superare questo inverno. Spero anche che la situazione migliori presto nel nostro paese.

Ti auguro un buon Natale ed un felice anno nuovo. Grazie anticipatamente per il tuo aiuto e ancora scusa per il fastidio arrecato con l'invio di questo messaggio.

Che Dio ti benedica

Valentin

Mirko rimase di stucco. Le accorate parole della mail toccarono le corde più profonde della sua anima. Non ebbe cuore di cestinare l'email e pensò: *"è importante che la gente sappia cosa accade in paesi meno fortunati del nostro"*. Inviò quindi l'email a tutti i suoi contatti. Ma non si limitò a così poco, il cosiddetto "attivismo in pantofole" è una cosa che lo aveva sempre infastidito. Aveva voglia di fare qualcosa attivamente, lui. Decise quindi di rispondere all'appello. Certo, sapeva che qualcuno dei suoi amici, complottista convinto, avrebbe subito detto: *"ma no, non è vero, è una bufala, fai attenzione, è già conosciuta e circola da anni"*, ma che vuoi farci, anche certa gente è stata messa al mondo è bisogna imparare a conviverci. E poi a pensarci bene, un truffatore chiede soldi, mica coperte calde? E' vero, questo Valentin in calce all'email chiede effettivamente del denaro, ma solo per andare incontro anche ai più pigri che proprio non vogliono spedire generi di prima necessità. Decise quindi di rispondere all'appello.

Mirko e Valentin si scambiarono alcune email. Valentin era molto gentile ed evidentemente aveva il cuore pieno di rabbia per la difficile situazione del proprio paese. Ammirava l'Italia e gli italiani per le loro fortune, un governo più vicino ed amico, nonché una posizione geografica invidiabile sia dal punto di vista climatico, sia da quello naturalistico. Mirko decise infine di spedirgli un piccolo regalo per Natale. Soldi no, almeno non in un primo momento, ma un caldo *pullover* di lana, della misura XL come dettagliatamente spiegato nelle email di Valentin.

Lo scambio durò molti anni, qualche volta Mirko inviava anche del denaro. A volte infatti riceveva degli extra come bonus dal datore di lavoro, o semplicemente piccole vincite al Lotto. Era contento certo, ma le email di Valentin erano un continuo tarlo nel cervello. Meritava davvero quei soldi? O era stato solo fortunato? E se di fortuna si trattava, era socialmente accettabile non pensare ai meno fortunati? Magari un povero ragazzo con la vita segnata dal semplice fatto di essere nato in una piccola città della Russia? Erano questi i casi in cui prendeva qualche banconota di piccolo taglio e la inviava in busta chiusa all'indirizzo di Valentin. Era quasi un atto catartico e liberatorio nei confronti di una fortuna agognata fino ad un secondo prima di vederne i frutti materiali, ma esecrata immediatamente dopo. E poi i soliti consigli degli amici, che senso ha aiutare uno sconosciuto, non è meglio donare in modo del tutto regolare ad associazioni di volontariato? Ce ne sono a bizzeffe, c'è solo l'imbarazzo della scelta, da *Medici senza frontiere* a *Save the Children* passando per l'*UNICEF*. Eh, già, si fa presto a parlare. Valentin non è uno sconosciuto, ormai Mirko lo sente quasi un suo amico. E poi non è altrettanto sconosciuta una grossa società di volontariato? *Società*, come dire, *organizzazione*, multinazionale, solo Dio e le loro coscienze sanno quello che fanno con i soldi delle donazioni. E sono certamente in combutta con i governi che addirittura drenano parte dei capitali per sgravi fiscali dedicati alle donazioni. Deve essere certamente una associazione a delinquere in nome di popoli sfortunati. Mirko invece era riuscito a trovare un canale privilegiato, nessuno che speculasse sulle sue donazioni, niente andava a governi ed associazioni, ma tutto al suo povero e sfortunato studente.

***

Quella appena raccontata è la storia, un po' modificata, di *Valentin Michajlin*, uno studente Russo realmente residente a Kaluga che nei primi anni del nuovo millennio si è trovato invischiato in una storia di spam e beghe legali molto più grande di lui.

La storia è raccontata in modo dettagliato da *Paolo Attivissimo* sul suo sito `www.attivissimo.net`, e da tale sito sono stati presi i numerosi dettagli qui di seguito riportati. In particolare la storia è stata riportata nel 2005 dal sito `www.oxpaha.ru` e tradotta da alcuni lettori pubblicamente ringraziati da Attivissimo. Paolo inoltre ha avuto un interessante ed illuminate scambio di email, che esula dal presente testo e quindi non sarà descritto, ma è importante per capire la psicologia che c'è dietro ad uno spammer.

Vediamo meglio chi è Valentin. All'inizio della sua attività era effettivamente uno studente, un diciassettenne invalido iscritto all'istituto tecnico edile della piccola città russa di Kaluga. Una strana e travagliata storia lo ha portato a diventare quel piccolo truffatore a volte apparentemente imbranato che ha fatto storia in tutto il mondo tanto da dare addirittura il proprio nome ad un nuovo tipo di truffa informatica.

Il diciassettenne Valentin è un appassionato di internet, ma purtroppo vive a Kaluga, una piccola città a soli 150 Km da Mosca. In questa città, oltre all'ufficio postale, esiste un unico provider privato, la società *Èlektrosvjaz*. Ad agosto del 1998 Valentin fece richiesta per un collegamento ad internet e stipulò un contratto a consumo dopo aver fornito non solo i propri documenti personali, ma anche quelli del pc e del modem. Dopo pochi mesi iniziò a notare delle incongruenze nelle proprie bollette dove venivano conteggiati importi molto superiori ai suoi calcoli. Fece immediatamente una comunicazione alla Èlektrosvjaz per ottenere spiegazioni e ricevette il tabulato dei propri collegamenti. Le incongruenze effettivamente c'erano, in alcuni casi erano conteggiati dei collegamenti multipli, risultava collegato più volte nello stesso momento. Valentin fece istanza di rimborso al provider ma si vide rispondere con un netto rifiuto, motivato dal fatto che i tabulati erano solo informativi e non rappresentavano un documento valido ai fini di legge. Non è dato sapere se l'arroganza del gestore fosse motivata da un rigore contabile o servisse solo a scoraggiare un ragazzo che aveva scoperto un imbroglio, sta di fatto che per poter dimostrare l'errato conteggio delle connessioni era necessario ottenere un tabulato relativo al telefono, che confrontato con quello della connessione ad internet (ricordiamo che Valentin usava un modem telefonico e che era il 1998) avrebbe sciolto ogni dubbio. Più semplice a dirsi che a farsi, perché la società del telefono di Kaluga era la stessa Èlektrosvjaz che forniva il servizio di provider internet; Valentin quindi aveva da combattere contro l'arroganza di un monopolista. Fiducioso nella giustizia tentò anche una serie di azioni legali per vedere riconosciuta la propria versione, ma non riuscì ad ottenere nulla, anzi il tribunale si rifiutò persino di analizzare la sua querela.

A questo punto della storia il giovane Valentin passò dalla probabile ragione, al torto marcio. Costretto a pagare per intero le bollette per evitare tanto il rischio di disconnessione da internet quanto il distacco dell'utenza telefonica, decise di rendere pan per focaccia alla Società ed iniziare una continua e crescente attività di disturbo. Come prima azione, dichiarandosi il segretario del collettivo radioamatori di Kaluga, iniziò a chiedere aiuti economici via email. Centinaia di email (secondo il direttore della Èlektrosvjaz) furono inviate verso indirizzi europei segnalando le terribili condizioni dei membri del collettivo e chiedendo aiuti morali ed economici.

Messaggi sempre più frequenti, sempre più vigorosi, chiedevano aiuto economico e generi di prima necessità. Le condizioni raccontate erano davvero pesanti, venivano millantati stipendi non pagati, assegni non corrisposti. Ovviamente le richieste erano di inviare sussidi a Valentin Michajlin, Kaluga.

Dopo alcune segnalazioni da parte di destinatari infastiditi dalle email, il provider iniziò ad accarezzare l'idea di una denuncia, ma il volume di email tutto sommato non altissimo ed il fatto di dichiarare generalità esatte non configuravano alcun reato legato allo spam. Intanto i messaggi cambiarono genere. Furono inviate quasi duemila email in cui un inesistente ufficiale minacciava un attacco nucleare a siti strategici di tipo industriale e militare. Ogni messaggio era chiuso da un ringraziamento: "Vorremmo esprimere gratitudine alla società Èlektrosvjaz per averci dato la possibilità di inviare questo messaggio". Questa volta l'azione era stata pesante, ed ebbe delle conseguenze. I messaggi divennero di pubblico dominio ed alcune ambasciate contattarono il Ministero degli Interni Russo. Questa volta l'azione configurava un reato secondo il codice penale russo, in quanto era una mendace segnalazione circa atti terroristici. La casa di Valentin fu perquisita e fu fatto, secondo lo stesso Valentin, con la stessa arroganza usata dalla Società del telefono. Gli fu sequestrato il computer e notificati i capi d'accusa a suo carico.

Valentin non si diede per vinto scrisse alla procura denunciando i fatti secondo la sua versione. Raccontò di aver avuto discussioni con la Società e di aver ricevuto un giorno la visita di due uomini che si qualificarono come tecnici del telefono. Gli chiesero di poter vedere il computer per eseguire una "certificazione". Lui, temendo una ritorsione da parte della Società, rifiutò, e i due uomini, visibilmente stizziti, lavorarono per diverse ore con un computer portatile vicino la sua centralina telefonica all'esterno dell'abitazione. La sua idea era quindi che il messaggio era stato inviato da quelle persone con il preciso intento di mettere nei guai un cliente sgradito.

Valentin fu sottoposto a perizia psichiatrica, ma ne uscì pulito. Del resto, nonostante l'impegno profuso dalle autorità, uscì pulito anche da tutti i capi d'accusa, da un lato perché all'epoca dei fatti era ancora minorenne, dall'altro perché agli inizi del 2000 la rete era ben poco regolamentata e non c'erano casi legali rilevanti e già passati in giudicato.

Intanto il certosino lavoro fatto da Valentin iniziò a dare i propri frutti già a Natale del 1998. Tra dicembre 1998 e maggio 1999 all'ufficio postale di Kaluga arrivarono circa 150 pacchetti indirizzati a Valentin. Contenevano cibo, regali, soldi, ed erano stati inviati dai vari "Mirko" sparsi per l'Europa. Un volume di corrispondenza non compatibile con un uso privato, le Poste di Kaluga proposero quindi alla famiglia Michajlin una ridefinizione del contratto come impresa commerciale ed a costi più elevati, entrando di diritto a far parte della già corposa schiera dei nemici personali di Valentin. Il vaso si colmò rapidamente e la goccia che lo fece traboccare fu la richiesta di pagamento delle imposte per le donazioni eccedenti un valore unitario di circa 100$, come previsto dalle leggi doganali. Un povero invalido non poteva ricevere un regalo per Natale? La terribile onta fu lavata mediante l'invio di lettere (cartacee) a molte piccole organizzazioni. Il messaggio era un avvertimento, era probabile che l'organizzazione avesse ricevuto donazioni da parte di enti benefici, ma queste erano state trafugate dai dipendenti delle Poste su ordine della Dogana. Furono anche affissi numerosi cartelli con su scritto "Aiutateci a catturare i ladri delle poste". Una vendetta, pura e semplice, e con molti ingredienti tipici della truffa ormai nota come "di Valentin": la storia è poco verosimile, ma sfruttando diffusi luoghi comuni, tocca timori ancestrali ed instilla il germe del dubbio.

Pur smaccatamente artigianale, non premeditata e poco pianificata, la bomba esplose. La notizia arrivò all'Ambasciata svizzera in Russia che richiese un accertamento alle autorità competenti, le quali scrissero ufficialmente alla direttrice dell'ufficio postale di Kaluga. L'accertamento era volto a verificare il comportamento di alcuni dipendenti che, sembra, aprissero la corrispondenza che dovevano smistare. Ma la direttrice rispose in modo lapidario, se l'origine dell'informazione avesse avuto legami con la famiglia Michajlin doveva considerarsi falsa, perché i protagonisti erano già noti, tanto a loro quanto alle forze dell'ordine, per occuparsi di accattonaggio internazionale sfruttando diffamazione e calunnia verso i più disparati fornitori di servizi pubblici.

Il gioco si ritorce contro Valentin e la sua famiglia. Ormai sono noti in buona parte della Russia e certamente in tutta Kaluga, dove nell'immaginario popolare sono associati a qualsiasi fatto strano, ad ogni materiale anonimo che perviene alle poste, anche per quegli avvenimenti dove ragionevolmente non possono averne colpa. Ci sono loro dietro ogni cosa, è ovvio e non c'è più neanche bisogno di indagare ogni singolo caso.

3 ottobre, alcune ombre si aggirano dalle parti dell'ufficio postale. La sicurezza cerca di bloccarli ma senza riuscirci. Viene trovato un volantino in cui cinque funzionari delle poste vengono accusati di furto. Viene riportata la cifra trafugata ed i nomi dei funzionari, i loro indirizzi ed i numeri di telefono. Chi erano quelle ombre? Valentin? Suoi amici? Persone senza scrupoli con il preciso intento di aggravare la già precaria posizione della famiglia Michajlin? Qualche burlone interno alle Poste? Non è importante, Kaluga è una piccola città e non è necessario fare indagini, il colpevole è Valentin. Viene denunciato per *calunnia*, articolo teoricamente presente nei codici russi, ma praticamente considerato "sospeso" e mai realmente applicato a nessuno. Praticamente, si. Di solito la parte lesa si limita ad intentare una causa civile a scopo risarcimento, ma mai una causa penale. Di solito, ma non in questo caso, perché al centro della vicenda c'è una famiglia di cui in paese davvero non se ne può più.

11 novembre, nuova perquisizione in casa Michajlin. Perquisizione a scopo di sequestro di materiale tecnico atto alla divulgazione di comunicati stampa. Vennero sequestrati diversi oggetti e soldi contanti, ma nulla di relativo ai fatti avvenuti in quanto non rinvenuti nell'abitazione. Come da manuale, la famiglia di Valentin scrisse a Mosca. Consideravano violati i propri diritti per le modalità con cui si era svolta la perquisizione. Secondo la loro versione dopo aver messo la casa a soqquadro e non aver trovato nulla, i poliziotti iniziarono ad accatastare sulla tavola tutto ciò che trovavano, alla disperata ricerca di qualche prova. Mele e patate furono così frugate e buttate su un bancone, dove congelarono. Veniva richiesto un risarcimento in quanto con il danneggiamento del cibo ed il sequestro degli ultimi soldi, non avevano di che comprarsi da mangiare. Ancora secondo manuale ricevettero una risposta: *"I suoi diritti non sono stati violati e nei verbali non ci sono evidenze di danni ad oggetti e generi alimentari."*.

Questa volta Valentin non riesce ad evitare il carcere. Ci rimane per poco tempo e per detenzione provvisoria; viene rilasciato firmando un impegno a non lasciare la città. Nel corso delle indagini tentò più di una volta di chiedere prove, analisi chimiche del foglio di carta trovato alle poste, ma le risposte ricevute erano tutte dello stesso tipo, ovvero che la verità era lampante e non c'era bisogno di prove materiali.

Terminato il periodo di detenzione, iniziò quello di attività truffaldina che tutti conosciamo, ovvero quella non più artigianale e ben più professionale. Come nella vicenda *fisica* di Valentin, anche in quella elettronica non è possibile sapere se le truffe sono perpetrate da lui in persona o da altri che agiscono in suo nome sfruttando una robusta copertura mediatica. Valentin ha probabilmente subìto davvero dei torti, ai quali si è ribellato oltremisura; ha subìto la nota repressione delle autorità russe, alle quali si è nuovamente ribellato, sfogandosi e chiamando in causa svariati innocenti dipendenti pubblici.

Secondo alcuni l'origine di tutta la storia risiede nella sfortuna di vivere in una piccola città di tremila abitanti, dove *tutti conoscono tutto di tutti.* Lo conoscevano e conoscevano la sua famiglia. Veniva accusato senza che venissero considerate necessarie prove schiaccianti; ancora oggi non è chiaro se tutte le attività a lui imputate siano state effettivamente da lui commesse.

Probabilmente se fosse nato a Mosca o in un'altra grande città, il tutto sarebbe stato considerato una "marachella", Valentin avrebbe avuto un severo rimprovero dalle autorità e la storia si sarebbe conclusa così.

Questa la storia di Valentin, un ragazzo di diciassette anni che crea un modello di truffa informatica che è arrivato fino ai giorni nostri. Egli stesso diede vita a campagne di spam diverse. Utilizzò diversi nomi, Valentin Michajlin, Valentin Mikhaylin, Walentin Mikhaily ed altri nomi che suonano simili. Mano mano che i motori di ricerca iniziavano a conoscere un nome, il giovane spammer doveva cambiarlo (il contrario di quello che succede in una Nigeriana tipica). Anche l'indirizzo email cambia. Uno spam rudimentale espone al rischio di essere bannati dal proprio provider, ed ecco che Valentin collezionò decine e decine di diversi indirizzi email forniti da differenti provider. Nelle diverse campagne di spam veniva cambiata anche la storia. Sebbene i tratti salienti rimanessero sempre gli stessi, la storia di contorno cambiava ciclicamente, quasi come se l'autore cercasse il modo migliore di intenerire gli animi. Così il povero studente infreddolito divenne presto un professore che chiedeva aiuto per uno studente di propria conoscenza. Il fatto di chiedere aiuto non per sé stessi ma per un altro, sebbene non modifichi la sostanza, cambia spesso radicalmente lo stato d'animo di chi legge e la sua predisposizione a credere alla storia proposta. In un'altra campagna di spam lo studente cercò non più di impietosire le vittime, ma di interessarle. Non chiedeva coperte e generi alimentari, ma cd di musica, lodando con smielate parole la grande cultura europea. L'obbiettivo come al solito non era ottenere i cd di musica pop, bensì stabilire un contatto, creare la giusta empatia, per poi passare a chiedere denaro.

A partire dal 2005 Valentin inizia ad avere dei "garanti" fissi. Le email infatti non appaiono più provenire dal diretto interessato, ma sempre da una persona differente. Evidentemente la tecnica si era mostrata quella più efficace. Le mail suona infatti più o meno così:

> *"Ho ricevuto un'email da un povero studente russo che chiede aiuto per la sua difficile situazione. Essendo anche io russo ho potuto verificare la veridicità delle informazioni, ma purtroppo mi trovo anche io in una situazione difficile e non posso aiutarlo. Inoltro quindi questa email affinché qualcuno di buon cuore possa fare qualcosa."*

Come detto il processo psicologico è subdolo, siamo stati contattati da una persona che non ci guadagnerebbe niente se aiutassimo lo studente, quindi è una richiesta disinteressata ed inconsciamente tendiamo a fidarci. Inoltre ci sentiamo sollevati dalla difficoltà di verificare i dati, li ha controllati qualcuno per noi, ed essendo russo, possiamo fidarci. Tutto il processo cognitivo è inconscio, mentre il pensiero razionale che i due possano essere in realtà la stessa persona, per formarsi, ha bisogno di un processo mentale conscio, che in situazioni simili a questa spesso non viene chiamato in causa. Trucco banale ma purtroppo estremamente efficace.

Come detto all'inizio di questo capitolo, Paolo Attivissimo ha avuto un ricco scambio di email con Valentin, subendo una serie di attacchi personali. Ha ricevuto minacce di denunce per diffamazione e si è trovato iscritto a diversi siti di incontri per omosessuali. Paolo ha risposto puntualmente ad ogni email ed ha pubblicato sul proprio blog tutte le minacce ricevute. I toni usati da Valentin erano gli stessi adoperati nella lotta contro la società Èlektrosvjaz, contro le Poste e contro tutti quelli che Valentin man mano iniziava a considerare come nemici. Il blog è stato letto da centinaia di persone, soprattutto in Italia, e tutta questa "pubblicità" ha avuto alcuni effetti benefici sulla truffa, non veicolati da Attivissimo, ma come naturale conseguenza del suo blog.

Certo un blog, essendo un sito internet indicizzato dai motori di ricerca, li *addestra* con i propri contenuti e questi iniziano ad essere sensibili a determinati contesti; ma l'effetto positivo non si è limitato a questo. Il fenomeno più interessante, verificatosi in questo caso spontaneamente, è stata la cosiddetta *Interposizione*. Centinaia di utenti, solitamente abbastanza esperti, hanno risposto alle mail di Valentin fingendosi potenziali vittime. Di fatto si sono *interposti* tra il truffatore e le vittime reali. Il truffatore non può distinguere una potenziale vittima da una fasulla, e quindi non può far altro che spendere le stesse energie per tutti quelli che rispondono al suo spam, di fatto disperdendole e riducendo l'efficacia dell'attacco sulle vittime reali.

Nel caso di Valentin l'interposizione è partita da svariati utenti italiani ed ha portato il truffatore a prendere una drastica decisione; tutte le email provenienti da un dominio .it sono potenzialmente fasulle e vanno scartate. Risponde con un messaggio automatico ed ignora la potenziale vittima. Questo dimostra come un piccolo gruppo di hacker "buoni" (in gergo *"white hat"*) riesce con poche ore spese davanti ad un pc, a proteggere un intero paese. Naturalmente però se non si ha dimestichezza con strumenti e metodi informatici, consegnarsi ad un truffatore che può essere potenzialmente molto preparato, è un rischio che non ha senso correre.

Oggi giorno la truffa "di Valentin" o "alla Russa" genera quotidianamente miliardi di email di spam. Non è di certo Valentin, o almeno non solo lui. Spesso gli annunci presentano ragazze più o meno piacenti che cercano un uomo, o la solita stufa per riscaldarsi, o vogliono avere dei figli, oppure ancora vogliono trasferirsi in un altro paese. Alle email vengono allegate delle foto di ragazze in pose semplici, in contesti casalinghi, un filo di trucco e spesso che abbracciano il proprio figlio o la propria figlia. Non devono attirare giovani uomini in cerca di un'avventura, non è quello il *target*. Devono ispirare tenerezza ed agganciare vittime sensibili a questo aspetto. Sono sempre russe o comunque dell'Est, e questo è anche confermato sia dagli *header* delle email, sia dall'impronta (*fingerprint*) grammaticale. Per fortuna questo aiuta, infatti la maggior parte dei filtri antispam di tipo bayesiano riescono mediante euristiche grammaticali ad intercettare questo tipo di email con pochissimi falsi positivi. Vedremo questo dettaglio nel prossimo capitolo.

In qualche caso ho provato a rispondere ad alcune di queste email. I miei non erano tanto tentativi di interposizione quanto esperimenti per capire se all'altro capo del computer avevo a che fare con un essere umano o con un *chatterbot*, ovvero un software in grado di simulare delle conversazioni fingendosi un essere umano. Dalle email ricevute sono certo che già alla prima risposta è stato un essere umano a scrivere. Facendo domande specifiche ed utilizzando parole comuni sfruttabili per la risposta si veicola il chatterbot ad utilizzare le stesse parole per confezionare le frasi con cui rispondere. Questo, nelle mail che ricevevo, non avveniva. Inoltre la prova del nove è fare domande ironiche sottendendo sottilmente la domanda reale, oppure fare domande lasciando intuire tra le righe che in realtà si è interessati a qualcosa di più profondo o intimo. Questo modo di comunicare risulta incomprensibile per un chatterbot, ed invece ho ricevuto sempre risposte pertinenti.

Altri attacchi informatici

In questo capitolo descriviamo altri metodi di attacco informatico che in alcuni casi possono essere considerati truffe in quanto rispecchiano la descrizione data all'inizio, ovvero *"l'ottenimento di un vantaggio a scapito di un altro soggetto indotto in errore attraverso artifici e raggiri"*. In altri casi, come ad esempio lo *spam*, sono semplicemente dei metodi per una prima selezione delle vittime, ma lo stesso sistema viene comunemente utilizzato anche per azioni pubblicitarie, e quindi non sempre si configura come vera e propria truffa.

In ogni caso il meccanismo è sostanzialmente diverso da una truffa propriamente detta, perché il truffatore si limita a lanciare delle esche più o meno confezionate e non si arriva mai al contatto uno a uno truffatore-vittima. In ogni caso è molto importante conoscere i meccanismi ed i possibili metodi di difesa sia per tutelare la propria presenza in rete, sia per tutelare quella di altri utenti che possono essere raggiunti da attacchi informatici che sfruttano la nostra connessione internet ed il nostro pc.

Le tipologie di attacco informatico sono molteplici, e solitamente abbastanza note. In genere i fornitori di servizi offrono una rosa di soluzioni per neutralizzare i possibili attacchi e per mettere l'utente nelle condizioni più sicure possibili. Purtroppo però, come sanno bene gli sviluppatori, l'anello debole è sempre l'utente. Esistono molte soluzioni *smart security*, ma il componente *dumb user* è solitamente in grado di compromettere con pochi click tutta la struttura di sicurezza messa in piedi dai fornitori dei servizi. E' come andare in moto, la legge impone l'uso del casco, ma se questo non viene indossato, o magari non correttamente allacciato, risulta completamente inutile. Spesso le procedure di sicurezza legate all'uso online di carte di credito, oppure l'accesso alla propria pagina di *home banking*, vengono considerate inutili e noiosi esercizi mnemonici, le password vengono scritte nei luoghi più improbabili, e se da un lato si suggerisce di inventare password prive di significato e contenenti numeri, lettere e simboli, dall'altro gli automatismi dei *browser* come la memorizzazione delle password, o l'installazione sugli smartphone di apposite *app* perennemente in collegamento col servizio online, vanificano tutti gli sforzi volti a proteggere l'utente dalla propria negligente pigrizia.

Oggi giorno infatti perdere il proprio smartphone, o dimenticarlo all'Autogrill, significa consegnare nelle mani di ignoti contemporaneamente i propri collegamenti a Facebook, Twitter, LinkedIN, Cloud, Home banking e chi più ne ha più ne metta. I produttori di cellulari mettono a disposizione funzioni di cancellazione remota dei dispositivi in caso di furto o perdita. Alzi la mano chi ha installata questa funzione o comunque sa come utilizzarla in modo tempestivo in caso di necessità.

Spam

Spammare è un termine ormai entrato nel gergo quotidiano. Lo *spam* è l'invio di comunicazioni non richieste, di solito pubblicitarie. Ma lo spam viene comunemente utilizzato, come abbiamo visto, anche per inviare centinaia di migliaia di esche ad esempio per truffe alla Nigeriana o alla Russa, attendendo che qualche vittima abbocchi.

La parola *"spam"* è molto usata, ma l'etimologia non è molto nota, almeno per coloro che non appartengono al mondo anglosassone. Lo *"spam"* è infatti un tipo di carne in scatola molto diffuso e relativamente poco costoso. In Italia è praticamente sconosciuto, ma l'enorme diffusione ha fatto sì che si trovasse richiamato per puro caso in uno sketch comico di una serie televisiva britannica trasmessa dalla *BBC* fino al 1974. La serie si chiamava *"Monty Python's Flying Circus"*.

Nel dodicesimo episodio della seconda stagione infatti si vede un'anziana coppia che entra in una trattoria ed ordina da mangiare. L'uomo chiede alla cameriera cosa c'è nel menù e questa inizia ad elencare una serie di piatti: *"uova e spam"*, *"salsiccia e spam"*. L'anziana signora dice esplicitamente che non gradisce lo spam, e chiede solo piatti che non lo contengano. La cameriera continua con l'elenco: *"uova pancetta e spam"*, *"salsiccia, pomodoro e spam... che non contiene molto spam"*, ecc. La scenetta va avanti appunto sulla parola *spam*, sull'incalzare della cameriera e sul tentativo dei due poveri avventori che provando a rifiutare continuano a ripetere *"spam, spam, spam"*. Se non si apprezza lo *humor* inglese, soprattutto quello degli anni settanta, difficilmente si troverà esilarante la scenetta, tuttavia questa valanga di *"spam"* ha portato a definire con tale parola la valanga di email che quotidianamente riceviamo nelle nostre caselle di posta elettronica. Anche se in realtà ritengo che si possa considerare spam anche la valanga di volantini dei supermercati che *quotidianamente* invadono le nostre caselle di posta fisica, che vengono poi smaltite con i soldi delle nostre tasse.

Sebbene lo spam sia un fastidio a volte grosso per l'utente, rappresenta in realtà un fastidio ancora più grosso per gli *ISP*, gli *Internet Service Provider*, ovvero le società che forniscono agli utenti la connessione ad internet. Secondo AOL, il maggior ISP americano, un terzo del volume di email da loro gestito è spam. Per gli ISP dunque lo spam rappresenta un costo significativo, motivo per cui danno battaglia agli *spammer* con vari metodi. Gli indirizzi di posta elettronica da cui partono volumi importanti di spam vengono sistematicamente bloccati, ma gli spammer li cambiano continuamente senza esserne quindi significativamente infastiditi. Un comportamento sporadico da spammer inoltre non viene solitamente sanzionato col blocco dell'account, perché sono molti gli utenti *zombie* che inviano messaggi spam a loro insaputa. Bloccare il loro indirizzo di posta elettronica sarebbe quindi inutile per arginare il fenomeno e produrrebbe un danno più o meno significativo all'utente che si vedrebbe bloccato l'account senza neanche capirne il motivo.

Dal punto di vista dell'utente esistono sostanzialmente due tipi di difese contro lo spam, comunemente detti *filtri antispam*. La prima si basa sul concetto di *black list*, ovvero una lista di indirizzi non graditi. Se il *browser* riceve email da tali indirizzi, li cestina automaticamente. La *black list* viene solitamente popolata automaticamente man mano che gli ISP segnalano gli indirizzi degli spammer che via via vengono identificati. In questo caso di parla di *DNS-based black list* o *DNSBL*, ovvero il filtro è basato su liste pubbliche. Ma l'utente può anche inserire manualmente indirizzi che egli stesso considera per qualche motivo non desiderati.

Una seconda difesa contro lo spam è invece basata sulle cosiddette *euristiche*. L'euristica è un metodo comunemente usato in informatica che si basa su dei comportamenti considerati "sospetti". Una euristica potrebbe essere ad esempio bloccare un documento di testo o un foglio di calcolo che contenga una macro che tenti di inviare una mail. Sebbene sia tecnicamente possibile realizzare tale macro, il fatto che un file di testo provi a farlo è un comportamento sospetto. Le euristiche quindi, contrariamente ai filtri basati su black list, possono generare dei falsi positivi.

Alcune euristiche comunemente usate per identificare mail di spam si basano sull'analisi statistica delle frequenze. Ad esempio una mail potrebbe contenere alcune parole chiave come *sex*, oppure *drug*, o altre solitamente usate per pubblicizzare medicinali in grado di migliorare alcuni aspetti della sfera sessuale. Se queste parole appaiono in numero e posizione nel testo tipiche di una mail di spam, allora quella mail viene considerata sospetta. Non viene cestinata, ma spostata in una cartella apposita e deve essere controllata manualmente dall'utente. Gli *spammer* hanno aggirato il problema dell'analisi del testo evitando semplicemente di inserire testo in chiaro nelle email. Esso viene infatti "fotografato" ed inserito nell'email sotto forma di immagine. Il filtro in questo caso non può analizzare il contenuto della mail, ma può cambiare la propria euristica; se una mail contiene una immagine e niente testo, è una mail sospetta. Questo è il motivo per cui spesso se inviate via mail una foto ad un amico senza scrivere del testo in chiaro, i filtri antispam euristici la filtrano, non potendo riconoscere le vostre intenzioni genuine. Si parla in questo caso di un *falso positivo*.

Spesso i filtri antispam sono basati su algoritmi detti *bayesiani*. Il Teorema di Bayes è un teorema matematico che data la probabilità che un certo evento si verifichi, la collega agli eventi verificatisi in precedenza. La trattazione matematica esula da questo testo, ma un filtro basato su questo sistema riesce tipicamente a identificare in maniera affidabile una mail di spam semplicemente sulla base di altre mail di spam manualmente segnalate dall'utente. Ad esempio il software gratuito *Mozilla Thunderbird* implementa un filtro bayesiano. Segnando come "spam" una decina di email, il software riesce ad estrarre le caratteristiche salienti di quei messaggi, e confrontando le nuove mail riesce con grande precisione a segnalare automaticamente tutte quelle "sospette".

Un metodo semplice e fortemente suggerito dalla *netiquette* per evitare il proliferare di spam è quello di non diffondere il proprio indirizzo email su internet. Gli spammer fanno continuamente uso di software che setacciano la rete alla ricerca di stringhe che possono assomigliare ad un indirizzo email. Se su un forum di cucina si scrive:

Mi piace molto la foto di questo piatto, mi mandi la ricetta via mail a:

pippo@paperino.it

L'indirizzo è spacciato. Verrà trovato dagli spammer in men che non si dica e si cominceranno a ricevere email non desiderate. E' possibile modificare il messaggio con:

Mi piace molto la foto di questo piatto, mi mandi la ricetta via mail a: pippo-chiocciolina-paperino-punto-it

affinché un essere umano possa decodificare l'indirizzo, ma un software avrà qualche difficoltà in più a capire che dietro quella stringa si nasconde qualcosa di sfruttabile. Questa tecnica è nota come *address munging*. La tecnica esiste, ha anche un nome altisonante, ma non bisogna illudersi che funzioni più di tanto. I software che usano gli spammer conoscono le tecniche più comuni e sanno come eluderle per risalire all'indirizzo originale, mentre magari l'anziana signora autrice della ricetta a cui siete interessati, la invierà davvero a `pippo-chiocciolina-paperino-punto-it` senza capire perché continua a tornare indietro con un errore. Piuttosto, ove possibile, sostituire il proprio indirizzo con una *immagine* del testo. Difficilmente uno spammer utilizzerà metodi OCR per estrarre gli indirizzi dalle immagini.

Un'altra buona idea per evitare lo spam è *non rispondere mai alle email di spam*. Sembra ovvio, ma a volte gli utenti si fanno prendere dalla rabbia e rispondono in maniera aggressiva, minacciando denunce ed azioni legali. Lo spammer ricevendo queste risposte si fa una crassa risata e registra l'indirizzo come attivo. Abbiamo regalato una informazione preziosa. Setacciando internet si ottengono milioni di indirizzi, ma nessuna informazione sul fatto che siano ancora attivi e che ci siano utenti che effettivamente scaricano e leggono la relativa posta. Rispondere ad una mail di spam farà felice uno spammer.

Una tecnica simile all'*address munging*, spesso utilizzata da chi fa uso professionale dell'invio delle email, è l'utilizzo di indirizzi di sola uscita. Di solito si usa qualcosa tipo `noreply@dominio.it`; l'indirizzo viene usato per mandare ad esempio email pubblicitarie lecite, ma dato che può essere usato solo per l'invio e non per la ricezione di messaggi, non può diventare il bersaglio di uno spammer.

Lo spam infine può essere anche denunciato. Alle autorità, certamente, ma è difficile che venga avviato un procedimento in tal senso. Invece è una buona idea denunciare agli ISP, i quali nei termini di contratto di solito vietano esplicitamente questi comportamenti. Una denuncia in tal senso può accorciare i tempi necessari a bloccare l'account allo spammer e per lo meno lo costringe a registrare un nuovo account.

Phishing e Tabnabbing

Il *Phishing* è un metodo utilizzato per rubare informazioni personali come password o dati di accesso. Il termine è una deformazione fonetica del termine *fishing*, che vuol dire *pescare*, ed è una definizione simbolica dell'azione del *phisher* che "pesca" i dati navigando nella rete.

L'etimologia del termine è ancora oggi abbastanza discussa, anche se in realtà l'origine del termine è nota. In alcuni casi la parola viene considerato un *portmanteau*, una fusione tra due parole, *phreaking* e *fishing*, dove la prima parola è ancora una fusione tra *phone* e *freak* ed era usata per identificare persone dedite all'hacking dei sistemi telefonici. I tifosi di questa versione infatti puntano sul fatto che il furto delle identità un tempo veniva fatto telefonicamente, e quindi il neonato termine *phishing* abbia risentito dell'influenza del termine più propriamente legato ai telefoni. Esiste anche un'altra teoria secondo la quale la parte iniziale della parola viene dai termini *password harvesting*.

In realtà ancora una volta è una questione di *netiquette*. Nel mondo anglosassone la parola *fishing* è normalmente utilizzata per identificare la pesca, sportiva o commerciale; se si fosse usata la medesima parola per indicare un'attività criminale, le potenziali vittime sarebbero state in grosse difficoltà a fare ricerche online perché i motori di ricerca avrebbero restituito indiscriminatamente i riferimenti sia all'attività fraudolenta, sia a quella lecita. Si è quindi deciso di operare una deformazione tale da mantenere intatta la fonetica, ma dirimere in modo netto la grafia.

Chiunque abbia un indirizzo email riceve certamente un certo numero di spam di tipo phishing. Sono quelle email in cui la banca richiede una verifica delle credenziali di accesso perché c'è il rischio di furto della password, e magari voi non avete un conto in quella banca. Oppure il vostro *provider* vi informa che il vostro account sta per essere chiuso perché non utilizzato per troppo tempo, e vi invita ad effettuare un accesso se lo si vuole riattivare. Spesso nella mail c'è un comodo link che porta direttamente al sito in questione. Tuttavia quel link in realtà porta ad un sito fasullo, spesso graficamente identico a quello reale. Si inserisce nome utente e password, e queste vengono rubate dal *phisher*. Spesso addirittura il sito fasullo riporta al sito reale ed effettua realmente un accesso con le credenziale appena rubate, in modo da non destare sospetti nella vittima che effettivamente si troverà loggata nel sito della propria banca o della propria webmail.

Le informazioni rubate possono essere poi usate nei modi più disparati. Un numero di carta di credito con tanto di codice di controllo possono essere usati in modi facilmente intuibili, ma anche l'accesso ad una casella di posta privata può rivelarsi una miniera d'oro di informazioni. Innanzitutto può essere rubata tutta la rubrica, con decine di indirizzi email freschi e quasi sicuramente attivi; oppure semplicemente analizzando il traffico email si può profilare l'utente e successivamente inviare spam più mirato e con probabilità di successo più alta.

Esiste una tecnica che si affianca al phishing classico, ed è quella del *Tabnabbing*. L'idea viene osservando due fenomeni comportamentali. Il primo è che molti utenti hanno una conoscenza *naive* del concetto di phishing. Non hanno una chiara formalizzazione del rischio, ma sanno che a volte cliccando su un link si aprono delle pagine che somigliano ad altre. Se cliccando su un link quindi si apre una pagina che somiglia a quella di Facebook, ma il blu ha una tonalità leggermente differente, o i caratteri hanno degli spazi strani, la pagina risulterà sospetta e verrà chiusa istintivamente. Inoltre molti utenti hanno l'abitudine di navigare contemporaneamente su più *tab* diversi, ovvero diversi fogli all'interno dello stesso browser. Il modo classico di fruire l'informazione presente su internet infatti è quello di utilizzare molti link a cascata e man mano che si legge si risulta incuriositi da altri link, e poi ancora altri, e così via. Spesso accade di aprire nuovi link in nuovi tab e dopo una mezz'ora dimenticarsi perfino di averne aperti alcuni. A chi non è capitato? Il *tabnabbing* sfutta esattamente questa caratteristica di navigazione per contenuti paralleli. Viene presentato un link in una mail in cui magari c'è una pubblicità di una nuova autovettura. L'utente clicca e si apre un link con la presentazione di questa nuova auto. L'attenzione è alta, perché si è appena cliccato su un link potenzialmente pericoloso, ma a conti fatti la pagina che si è aperta appare innocua, è solo una pubblicità, interessante, ma magari la guardiamo dopo, e si cambia tab. Quella pagina pubblicitaria in realtà è un attacco di tipo tabnabbing, dopo alcuni secondi dalla sua apertura cambia aspetto e diventa molto simile alla pagina di login di Facebook. Dopo una mezz'ora l'utente troverà quel tab con Facebook, la sua soglia di allerta sarà bassa, perché non collega quella pagina con la mail sospetta ricevuta, ed effettua l'accesso. La frittata è fatta!

Esistono naturalmente molti metodi per evitare di cadere vittime di phishing. Più che metodi sono delle abitudini, dei comportamenti che se diventano istintivi ci assicurano una buona dose di immunità almeno da attacchi generici e privi di particolare determinazione. Il primo è molto banale, mai cliccare su link in email sospette. E' un suggerimento abbastanza bigotto in quanto sono il primo a non rispettarlo; diciamoci la verità, cliccare sui link è comodo, altrimenti perché li avrebbero inventati? Però è anche vero che se il link riporta in chiaro l'indirizzo internet, il cosiddetto *URL*, selezionarlo e farne un copia-incolla nel browser non costa poi tanta fatica. Se ad esempio il testo del link è `www.poste.it`, ma in realtà cliccandoci sopra si verrebbe portati su `www.sitotruffaldino.com`, un copia e incolla ci porterà correttamente sul sito delle poste. Nel caso in cui il link sia nascosto dietro una *parola calda*, ad esempio `Poste Italiane`, nella maggior parte dei browser (email o web) se si scorre il mouse, senza cliccare, sul link, il suo contenuti appare nella barra di stato in basso. In questo modo è possibile scoprire la reale destinazione *prima* di cliccarci su.

In ogni caso se si riceve una mail apparentemente da un social network a cui siamo iscritti, è una buona idea non cliccare su eventuali link, ma scrivere a mano l'indirizzo nel proprio browser. E se invece abbiamo già cliccato, si è aperta la pagina, e non siamo convinti che sia quella genuina? Se è un social network e riteniamo che i rischi non siano elevati, si può semplicemente inserire una password *sbagliata*. Se il sito è genuino ci avviserà dell'errore, se truffaldino avremo consegnato al phisher delle false credenziali. Come detto qualche pagina fa però, gli avremo consegnato anche altre informazioni, ovvero che siamo utenti attivi e che tutto sommato abbiamo l'abitudine di cliccare su link di dubbia provenienza.

Infine bisogna notare un aspetto molto importante e poco noto. E' un tipo di attacco molto raro e solo hacker davvero esperti ed estremamente motivati riescono a farlo, ma a volte si può essere vittima di phishing e non avere alcun modo di rendersene conto o porre rimedio. La tecnica è nota come *DNS poisoning*. Il DNS, *Domain Name Server*, è un server che si occupa di tradurre i nomi dei nodi di rete in idirizzi IP. Ogni PC collegato ad internet ha un proprio indirizzo IP che lo identifica in modo [più o meno] univoco. Ma ricordare a memoria gli indirizzi IP dei computer su cui risiedono i nostri *siti internet* preferiti sarebbe davvero dura. Allora i siti vengono chiamati con dei nomi alternativi come `www.poste.it` o `www.facebook.com`. Il DNS si occupa di *tradurre* il nome del sito che digitiamo nel browser nell'indirizzo IP che ci consente di raggiungerlo effettivamente. Il DNS poisoning è un attacco ai server DNS volto a cambiare l'associazione con i numeri IP. Se quindi la vostra connessione internet utilizza un DNS avvelenato, potete digitare nel browser `www.facebook.com` e finirete su un sito ostile senza alcuna possibilità di essere consapevoli di cosa stia succedendo.

Del resto è noto che l'unico PC sicuro al 100% è un pc spento e scollegato dalla rete elettrica.

Clickjacking

Il *Clickjacking* è letteralmente il furto del click. Ma perché mai qualcuno dovrebbe essere interessato a rubare dei click? Questa è la prima domanda da porsi. Come ormai abbiamo imparato, per evitare di cadere in truffe e tranelli è di vitale importanza riuscire a vedere il mondo con gli occhi del truffatore. E finché non riusciamo a capire perché qualcuno è interessato ai nostri click, non avremo un livello di attenzione sufficientemente alto da essere immuni a questo tipo di attacco.

Quando usiamo un pc utilizziamo il mouse praticamente per fare tutto, e lo facciamo mediante click. Rubando un click quindi il ladro è potenzialmente in grado di fare *tutto* fingendosi noi. Detta così fa già un po' più paura. Scendendo più nel dettaglio tecnico, per questioni di sicurezza quando visitiamo una pagina internet ci sono alcune operazioni che vengono eseguite dal programma remoto, ed altre che invece possono essere effettuate solo da quello locale, ovvero il nostro. Il programma locale ad esempio si occupa di tutto ciò che concerne la sicurezza. Se il programma remoto riesce ad impossessarsi di un click può agire come se fosse locale.

Facciamo un esempio, estremo ma realmente possibile. Abbiamo di fronte a noi un portatile con la webcam integrata, spenta perché non la stiamo usando. Un click rubato può essere utilizzato per accenderla e spiarci mentre siamo nella stanza. Vi siete mai chiesti perché le webcam hanno sempre una spia led? Appunto perché se un programma ostile la accende, l'unico modo per sapere se quell'occhio perennemente puntato su di noi è aperto o chiuso è osservare quella spia.

Ma i click vengono rubati anche per altri motivi. E' noto ad esempio che molte pagine *guadagnano* in base al numero di click. E' il caso dei *banner* pubblicitari ad esempio, dove ogni click si traduce in moneta sonante per il proprietario della pagina. Niente di più comodo quindi che inserire qualche script ostile che raccolga i click e li indirizzi sui banner. Un altro esempio viene ancora una volta da Facebook. Esistono molte pagine pubblicitarie che aumentano la propria visibilità in base al numero di *like* ricevuti, ovvero al numero di persone che preme sul pulsante *"mi piace"*. La tecnica del furto del click per aumentare in maniera artificiosa il numero di *like* è talmente diffusa da meritare un nome apposito: *likejacking*.

Esistono svariate tecniche per *catturare* i click dell'utente, ma possiamo suddividerle in due categorie principali. Le prime sono puramente software, sono degli *script* che redirezionano il click verso un oggetto diverso da quello realmente cliccato. In questo modo il click può essere trasportato anche su una diversa pagina non mostrata all'utente, il quale non avrà alcuna percezione di ciò che è avvenuto e di dove il suo click ha avuto effetto. E' possibile difendersi da questo tipo di vulnerabilità tipica dei browser utilizzando delle protezioni messe a disposizione da quasi tutti i software per la navigazione internet o antivirus. Sono delle estensioni che impediscono l'esecuzione degli script a meno che l'utente non le attivi in maniera esplicita. Ovviamente in questo modo vengono bloccati *tutti* gli script, anche quelli non ostili, ma non è una cattiva idea dotarsi in ogni caso di queste estensioni ed attivarle ogni volta che si visita una pagina sconosciuta e troppo carica di effetti visivi. Un esempio di queste estensioni è NoScript disponibile su *Mozilla Firefox*.

Esiste anche un'altra categoria di metodi che non sfruttano codice software, bensì delle tecniche grafiche e di comunicazione per trarre in inganno gli utenti distratti. Di solito il programmatore utilizza delle grafiche simili a servizi molto noti sperando che l'utente poco attento, vedendo l'icona, ci clicchi sopra istintivamente senza rendersi conto di cosa sta facendo. E' il caso di banner pubblicitari la cui grafica assomiglia a quella di un filmato *Youtube* incapsulato all'interno della pagina. Al centro del banner appare il classico triangolo bianco utilizzato da Youtube per avviare il video, ma in realtà non è un'area sensibile che avvia contenuti in streaming, è semplicemente un banner che, una volta cliccatoci sopra, porterà ad una pagina pubblicitaria. Un altro esempio, sempre utilizzato nei banner pubblicitari, è la presenza del logo *Facebook* con il quadratino rosso con numero bianco all'interno. Quel simbolo indica la presenza di un messaggio nel proprio account Facebook e molti utenti, soprattutto giovani, quando lo vedono subiscono un vero e proprio cortocircuito cognitivo; ci cliccano sopra in modo istintivo senza rendersi conto che quella icona in quel posto è completamente fuori luogo e priva di qualsiasi significato. Poco male, si apre una pagina non desiderata, la si chiude, ma intanto si è regalata visibilità ad una attività commerciale più o meno lecita.

Altri sistemi molto fastidiosi per rubare click sfruttano dei banner mobili. Si apre una pagina ed al centro di questa appare un banner pubblicitario. Copre il contenuto della pagina, non lo si riesce a spostare perché resta sempre incollato al centro. In basso a destra c'è una microscopica scritta chiudi, e in alto a destra in modo molto più evidente la classica X, che però è finta. Molti utenti non vedono la scritta in basso a destra e istintivamente cliccano sulla X che però è come cliccare su un qualsiasi punto del banner, si apre la pagina pubblicitaria. Oppure ancora possono essere proposti dei link interessanti, ma quando ci si passa con il mouse sopra appare un banner pubblicitario a scomparsa che scorre su link. Ormai il dito è partito, si clicca, ed il click finisce sul banner che intanto si è fisicamente infilato tra il cursore del mouse ed il link a cui eravamo realmente interessati. Altre volte addirittura il banner ha un'area trasparente da cui si vede il link che c'è sotto. Ci si clicca su, ma in realtà il click avviene sul banner che, seppur trasparente, è in primo piano rispetto al link.

Questi metodi per rubare click e costringere con l'inganno l'utente a fare qualcosa di diverso da quello che aveva in mente sono davvero fastidiosi, ma non ci sono protezioni software che tengano, perché l'utente compie le azioni in maniera deliberata, anche se inconsapevole, ed un software non ha modo di conoscere le sue reali intenzioni. Anche in questo caso però ci sono delle buone abitudini che se diventano dei comportamenti automatici, possono regalare una buona immunità. Ad esempio contare fino a tre prima di cliccare su link in pagine mai viste prima. Tre secondi sono sufficienti a rendersi conto del contesto, e se Facebook ci segnala un nuovo messaggio, ma lo fa al centro di una pagina che parla di annunci di vendita di cellulari, è il caso di ragionare sul fatto che quel link, di Facebook ha solo la grafica scopiazzata. Un altro sistema è quello di osservare il cursore del mouse. Se vedo un video Youtube incapsulato in una pagina di annunci di lavoro, la faccia di una ragazza ammiccante con quell'invitante pulsante bianco al centro, ma scorrendo sopra il mouse. il cursore resta una freccetta invece di diventare una manina, è probabile che quello non sia affatto il contenuto che avevo pensato di vedere.

Zombie

Si dice che un computer è uno *zombie*, oppure che è stato *zombieficato*, quando è stato infettato da un programma che lo costringe ad effettuare azioni ostili verso altri computer senza che il suo proprietario se ne renda conto e contro la sua volontà. Questo tipo di attacco viene solitamente utilizzato per inviare mail di spam, in quanto lo *spammer* non mette a rischio né il proprio *IP*, né i propri indirizzi email, e nemmeno la propria banda di connessione a internet, ma sfrutta quelli delle vittime. Questo metodo di attacco viene utilizzato per svariate azioni di disturbo nei confronti di altri utenti della rete; oltre allo spam può essere usato ad esempio per *degradare* un servizio, come un sito internet o un server. Basta infatti costringere migliaia di computer zombie ad accedere in maniera continua ad un sito internet perché i servizi da esso erogati divengano lenti o addirittura inservibili (genericamente si parla di attacco DoS o DDoS quando l'obbiettivo ultimo è quello di negare un servizio). Navigare su un sito e trovarlo particolarmente lento però non ci permette di capire se esso è semplicemente sovraccarico di traffico lecito, oppure è sotto un attacco informatico.

Altre volte invece ci arriva una mail da qualche amico che ci invita a giocare a qualche gioco online, oppure ci propone delle "medicine" un po' particolari, oppure ancora ci propone un video piccante. Se per qualsiasi motivo ci sembra strano che quell'amico ci mandi una mail del genere, perché non è il tipo, o perché il linguaggio che usa non è il solito, è un'ottima idea quella di cestinare l'email senza cliccare sui link proposti ed avvertire il mittente che probabilmente è stato *zombieficato*. Succede, basta cliccare sul link sbagliato, o aprire un allegato strano, oppure navigare su siti non sicuri, e si finisce infettati. Magari proprio il link mandato da un amico che consideriamo fidato e che allega il filmato delle sue vacanze al mare pur essendo in febbraio.

E' importante avvisare il mittente, il quale non ha altro modo di scoprire di essere stato infettato. Una mail porta via una banda irrisoria, e non c'è traccia nella posta in uscita, ricevere una mail di avviso quindi può dare una preziosa informazione, e spesso basta aggiornare i propri software antivirus e fare una scansione per risolvere il problema. Tuttavia ricevere una mail di spam da un amico non vuol dire sempre che il suo computer sia uno zombie. Potrebbe ad esempio essere stato infettato il server del suo provider di posta. E' un evento raro, tipicamente i server sono ben protetti, ma quando vengono attaccati, di solito i malintenzionati sono molto preparati e determinati. In quel caso quindi la mail non parte dal pc del vostro amico, ma direttamente dalla sua casella di posta nel server. E se tale casella di posta è corredata di rubrica di indirizzi, quelli saranno i destinatari dello spam.

In ogni caso è importante ricordare una cosa. Il protocollo email, per come è concepito, non implementa *nessun* sistema di sicurezza. Il protocollo *SMTP*, quello che viene utilizzato per *inviare* le email, non ha alcun metodo di autenticazione tanto per cominciare. Il nome utente e la password che usiamo sono le credenziali per il server SMTP, non per l'invio tramite protocollo. Vuol dire che chiunque, con un minimo di conoscenze tecniche, può inviare una email con il *vostro* indirizzo, senza la necessità di violare né il vostro computer, né tanto meno il server del vostro provider. E' sufficiente confezionare una mail con il vostro indirizzo come mittente, ed il protocollo non fa nulla per impedirlo. Certo un'analisi dettagliata di alcuni campi solitamente nascosti dell'email può mostrare il reale mittente, o almeno il suo indirizzo IP, ma non è una operazione alla portata di chiunque. Inoltre i messaggi email non sono criptati, viaggiano in chiaro attraverso un certo numero di server prima di arrivare al destinatario. Teoricamente quindi *chiunque* può intercettare il messaggio e leggerlo (*sniffing*) o addirittura modificarlo (*man-in-the-middle*).

Se vi state chiedendo come sia possibile che le email non dispongano di nessuna tecnica che le renda sicure, la risposta è che *non è necessario*. Il protocollo email nacque nel 1971 e serviva esclusivamente a mettere in comunicazione diverse università americane. La sicurezza informatica non era necessaria per quel semplice scopo. A seguire sono state implementati moltissimi metodi per rendere più sicura e tracciabile la comunicazione via email, dalle connessioni protette di tipo SSL alla *Posta Elettronica Certificata - PEC*. Tuttavia le specifiche originali sono rimaste immutate e le email "normali" viaggiano come un semplice messaggio in una busta.

Ransomware

Questo tipo di attacco è la versione informatizzata di un rapimento. Il computer viene *rapito* in qualche modo, e se ne chiede un riscatto per liberarlo. Non c'è alcun rapimento fisico ovviamente, ma nelle versioni più evolute dell'attacco, un software malevolo entra nel computer ed inizia a *criptare* i file in esso contenuti. Terminata la codifica, l'utente non è più in grado di accedere ai propri file e gli viene offerta la possibilità, dietro pagamento di un riscatto, di avere la chiave per la loro decodifica. Si tratta spesso di file di una certa importanza, documenti ufficiali, fatture, contabilità, ecc. e in molti casi il *riscatto* non è esoso, da decine a centinaia di euro; la vittima quindi è portata a pagare per riavere i propri file senza denunciare ed iniziare lunghe trafile che potrebbero anche portare alla loro perdita definitiva.

Le cifre non elevate tuttavia non devono far pensare ai ransomware come delle marachelle. Si tratta a tutti gli effetti di *estorsione* ed è un reato che prevede la reclusione nella maggior parte dei paesi. L'attività viene anche chiamata *estorsione crittovirale* ed il programmatore che per primo tentò questo tipo di attacco fu *Joseph Popp* che nel 1989 sviluppò *AIDS*. Egli fu scoperto ed arrestato, per poi essere dichiarato incapace di intendere e di volere. Promise di devolvere tutto il ricavato a favore della ricerca contro l'AIDS, quella vera.

I software Ransomware più evoluti rappresentano una minaccia seria per privati cittadini ed aziende in quanto utilizzano complessi algoritmi di criptazione asimmetrica a chiave pubblica, il che vuol dire che solo chi è in possesso di una delle due chiavi di criptazione può decodificare i file, e sono chiavi molto complesse per cui l'attività di *annientamento* portata avanti da governi e software house sono piuttosto lente e spesso infruttuose.

Tuttavia esistono almeno altre due classi di ransomware molto meno minacciose ma altrettanto pericolose per l'utente inesperto. E' il caso di *trojan* che dopo aver infettato il pc, lo bloccano *facendo credere* all'utente di aver criptato i file. Spesso vengono semplicemente bloccate le shell del sistema operativo, oppure viene mostrato un avviso persistente che impedisce l'uso del pc. In realtà i file sono salvi, e solo qualche programma o l'intero sistema operativo risulta compromesso. Una buona politica di backup è in genere sufficiente per tramutare questo attacco informatico in un fastidio o poco più. Basta infatti rimuovere il trojan con appositi programmi ove possibile, oppure formattare il pc dopo aver recuperato tutti i file importanti che non sono in realtà compromessi in alcun modo.

Alcuni attacchi ancora più blandi addirittura non prevedono di bloccare niente, ma semplicemente far apparire un messaggio minaccioso e *persistente* per raggirare utenti poco preparati e solitamente con la coscienza sporca. E' il caso di messaggi che informano ad esempio che *Microsoft* ha scoperto che la vostra copia di Windows è piratata. In molti casi lo è veramente, e allora ci si sente "beccati" e si è portati a pagare la multa richiesta. In realtà Microsoft non entra in modo indiscriminato nei pc dei propri clienti perché non le è legalmente consentito farlo. Purtroppo il processo cognitivo tipico di una truffa ha ancora una volta la meglio sulla razionalità. Ci si sente in colpa, ci si sente dei ladri, e appena ci si sente scoperti si è quasi contenti di espiare la propria colpa e mettere finalmente fine a quello stato di irregolarità. L'azione di pagamento diventa quasi catartica, senza permetterci di comprendere che la situazione è molto lontano dall'essere credibile.

In alcuni casi addirittura il pc non viene nemmeno infettato. Capita di navigare su dei siti più o meno legali, ad esempio cercando di scaricare illegalmente musica, quando appare un messaggio della Polizia di Stato che vi informa di essere stati presi con le mani nel sacco, vi mostrano il vostro numero IP *(sic! Come se non fosse pubblico)* e vi chiedono il pagamento di 100 Euro tramite PayPal. E non è possibile chiudere il minaccioso banner se non chiudendo il browser o addirittura riavviando il pc. Sembra strano ma molta gente crede davvero possibile pagare una multa tramite paypal.

La truffa è poco costosa, e si sa, la legge dei grandi numeri alla fine paga sempre. Ci sarà sempre qualche sprovveduto con la coscienza sporca che preferirà pagare di nascosto per non rischiare di essere scoperto.

Home banking

Come ultimo paragrafo dedicato agli attacchi informatici è interessante fare una breve panoramica sui metodi comunemente utilizzati per accedere *via internet* alla propria banca. Il cosiddetto *home banking* è molto diffuso al giorno d'oggi perché permette un notevole risparmio sia alle banche che vedono ridursi radicalmente le operazioni da effettuate agli sportelli, sia agli utenti che possono effettuare tutte le operazioni più comuni comodamente da casa e fuori orario d'ufficio. Tuttavia l'accesso ai dati bancari deve essere tutelato da possibili aggressori con credenziali di accesso estremamente sicure, e per fare questo il solo utilizzo di *password* non è assolutamente sufficiente. E' noto che in ogni strategia di sicurezza l'utente è sempre l'anello più debole, per comodità tenderà ad utilizzare password facili da ricordare e magari uguali per più servizi, quindi una volta rubata donerà vita facile ai malintenzionati. Le password "123456" e "password" sono ancora oggi le più usate, e questo atteggiamento negligente da parte degli utenti costringe le banche ad escogitare metodi che da un lato siano sufficientemente sicuri, e dall'altro non eccessivamente macchinosi da mettere in pratica.

In molti casi è possibile accedere al proprio conto online utilizzando come credenziali solo un nome utente ed una password. In alcuni casi viene richiesto anche il codice fiscale o la data di nascita. Tuttavia con queste credenziali è possibile accedere alle informazioni del conto ma non è possibile effettuare operazioni come pagamenti o modifiche dei dati. La creazione di queste credenziali infatti è in mano all'utente; possono essere rubate o indovinate, e l'istituto bancario non ha alcun modo per garantire la loro integrità. Quando le credenziali devono essere di tipo *dispositivo*, ovvero devono consentire operazioni come pagamenti e modifiche ai dati sensibili, allora i codici vengono gestiti unilateralmente dalla banca, senza che il cliente possa modificarli o in alcuni casi divulgarli seppur in maniera inconsapevole.

L'esempio più semplice di operatività tramite generico terminale esterno alle sedi bancarie è l'utilizzo del bancomat. Per poterlo utilizzare serve una parola chiave, il cosiddetto PIN. I rischi intrinseci del PIN sono legati al furto contemporaneo di carta *e* codice. La Banca mette quindi in atto due tecniche. La prima è quello di scegliere un un PIN corto. Tale scelta dovrebbe essere contraria al buon senso, ma in realtà aumenta la sicurezza perché aumenta le probabilità che l'utente decida di impararlo a memoria piuttosto che scriverlo da qualche parte. Inoltre il PIN viene deciso dalla Banca in modo del tutto casuale, evitando così che un utente possa modificarlo con uno più semplice da ricordare e quindi anche da indovinare. Se il rischio di furto *dopo* la consegna del PIN è abbastanza basso, resta invece alto quello che venga rubato *durante* la spedizione. Per ovviare a questo problema viene *sempre* spedito separatamente dalla carta bancomat, a giorni di distanza, e ove possibile con un canale diverso. Ad esempio le Poste per il PIN e uno spedizioniere per la carta, o viceversa.

Vediamo ora invece più propriamente il funzionamento del canale online di accesso alla banca. Da qui è possibile fare movimenti importanti, come bonifici o domiciliazioni, ed è importante quindi fornire delle credenziali che siano il più possibile robuste per abbassare la probabilità che vengano spiate, rubate o indovinate. Il metodo più semplice è quello di generare una parola chiave *fissa* ma molto lunga e complessa; metodo che ha due grosse controindicazioni. La prima è la comodità di utilizzo, l'utente deve infatti inserire una chiave molto complessa ogni volta che deve fare qualche operazione. D'altro canto se la complessità abbassa la probabilità di indovinare la password, nulla può contro il cosiddetto *sniffing* ovvero il furto che avviene spiando l'inserimento, sia in modo elettronico, compromettendo un punto qualsiasi del viaggio che la password fa dal pc dell'utente fino alla banca, ma anche in modo fisico, osservando l'utente che inserisce il codice mediante ad esempio delle telecamere.

Allora la tecnica che sfrutta la complessità delle parole chiave viene modificata e la banca richiede solo una parte del codice, diversa ad ogni accesso. Ad esempio possono essere chiesti solo alcuni caratteri sparsi all'interno della chiave stessa, o più comodamente scrivendo la chiave sotto forma di matrice è possibile richiedere la parte di codice in corrispondenza dell'incrocio di una riga ed una colonna, un po' come la battaglia navale. In questo modo da un lato l'inserimento della parola è molto più comodo perché richiede ogni volta solo pochi caratteri, dall'altro anche se la parola è fissa, la parte di codice inserita è sempre variabile, quindi un attacco di tipo *sniffing* ha poche possibilità di funzionare perché è poco probabile che la parte di codice rubata sia poi riutilizzata a breve.

Le altre tecniche si basano invece su codici usa e getta. Il codice viene generato dalla banca e serve solo per eseguire l'operazione corrente. Ha una vita molto breve, ad esempio trenta secondi, scaduti i quali la password non può più essere usata. Le credenziali così generate durano per tutta la sessione operativa, che una volta chiusa necessiterà di una nuova password. Questa tecnica è molto sicura perché non permette furti; non essendoci infatti una chiave fissa, semplicemente non c'è nulla da poter rubare.

La generazione del codice può seguire diverse strade. La prima tecnica sviluppata è stata quella di fornire all'utente un piccolo dispositivo in grado di generare chiavi casuali codificate in funzione del numero di conto corrente, della data e dell'orario corrente. Con un orologio interno sincronizzato a quello della banca emittente infatti il server è in grado di verificare l'esattezza del codice semplicemente generandone uno uguale partendo dagli stessi tre dati ed eseguendo lo stesso algoritmo. E' una tecnica simile a quella utilizzata nei telecomandi di sblocco delle serrature delle auto. Per evitare infatti che il segnale venga registrato da malintenzionati dei paraggi, questo cambia ad ogni pressione e viene codificato in base all'orologio interno.

La tecnica funziona, è sicura, il dispositivo viene confezionato in modo da fungere anche da portachiavi, e quindi viene portato sempre con sé. Tuttavia in questo modo lasciare le chiavi nella giacca al piano di sotto significa dover fare le scale per poter accedere alla propria banca. In pratica se per un motivo qualsiasi non si ha il dispositivo con sé è come trovare la banca chiusa.

C'è però un altro dispositivo che portiamo sempre con noi, anzi c'è chi non riesce a staccargli gli occhi e le dita di dosso se non per mangiare o dormire. E' il telefono, in versione cellulare o smartphone non importa. Da qui l'idea di generare da remoto la chiave ed *autenticarla* utilizzando un numero di cellulare registrato. Esso viene verificato all'apertura dell'account ed utilizzato per tutte le operazioni successive. In alcuni casi viene mostrato il codice sul monitor del pc e si viene invitati a telefonare entro pochi secondi ad un numero verde per inserirlo tramite tastiera del telefono. In altri casi invece il codice viene inviato via sms e bisogna inserirlo nella pagina web. Il primo metodo qualche volta mette in difficoltà quando ci si trova all'estero e non è possibile chiamare il numero verde, mentre il secondo può non funzionare in caso di rete cellulare particolarmente congestionata perché l'sms potrebbe essere effettivamente consegnato oltre la scadenza del tempo limite.

In ogni caso è bene ricordare che usare il telefono per accedere alla propria banca, tramite app, browser, o usando il numero registrato per disporre operazioni, significa consegnare tutto questo nelle mani di ignoti in caso di furto o perdita del dispositivo.

Appendice

Anatomia di una truffa

Le truffe alla nigeriana sono estremamente frequenti. E' molto importante allenare la mente in modo da riconoscerne immediatamente i tratti distintivi. In questo capitolo è riportato il carteggio integrale di due tentativi di truffa che ho subito, ed ai quali ho risposto attuando una *interposizione*, sperando di aver contribuito alla seppur parziale protezione di malcapitati meno svegli.

Due storie molto diverse. Nella prima sono stato contattato via LinkedIN dal direttore di banca Ruth Markland. Ruth si presenta come una signora di mezza età dall'aspetto curato, abito elegante, capelli di un rosso poco naturale. Il primo messaggio LinkedIN è molto sintetico; c'è un affare importante di cui vorrebbe parlarmi e mi chiede di scriverle all'email privata, un indirizzo `@gmail.com`.

Faccio una breve ricerca su internet, e Ruth Markland sembra esistere davvero ed occupare realmente il ruolo di *Senior Independent Director* in una importante banca del Regno Unito. Certo l'intero sito della banca potrebbe essere falso, ma è troppo ricco di informazioni per essere stato creato con l'unico scopo di realizzare raggiri di questo tipo. Ricordiamo infatti che le truffe alla nigeriana hanno l'iperbolicità come caratteristica fondamentale. La seconda ipotesi invece viene puntualmente confermata dal susseguirsi delle comunicazioni via email. Probabilmente Ruth Markland esiste ed è realmente una direttrice di banca. Il suo curriculum è pubblico e qualcuno ha avuto la brillante idea di sfruttarlo per creare un falso profilo LinkedIN con tutte le informazioni reali, foto inclusa. Nel seguente scambio di email in più occasioni viene riportato il link al sito della banca ed al curriculum di Ruth, quasi a voler tranquillizzare la vittima sull'autorevolezza di chi scrive, trascurando il fatto che tipicamente un direttore di banca non ha la necessità di tranquillizzare i propri clienti inviando link del proprio curriculum. Come dire: *"excusatio non petita, accusatio manifesta"*.

Come prima cosa rispondo all'email privata di Ruth dicendole che sono molto interessato all'affare. Subito dopo segnalo ai gestori di LinkedIN il profilo probabilmente falso. Come terzo passo cerco di contattare la vera Ruth per informarla del raggiro perpetrato a suo nome. Purtroppo i contatti non sono presenti su internet e l'indirizzo generico della banca non risulta in grado di ricevere ulteriori messaggi.

La seconda storia invece ha origine da una email. Il signor Andrew Wang Shuhui mi contatta per sbloccare una somma depositata in banca da un suo cliente defunto. L'email è piuttosto sgrammaticata, ma Wang mi chiede se parlo inglese, quasi a voler giustificare una grammatica zoppicante e per spostare il dialogo su una lingua evidentemente a lui più congeniale.

I testi originali, tranne la prima email di Wang, sono in inglese, nel seguito saranno riportate invece le relative traduzioni in italiano.

Mrs. Ruth

Mittente: Ruth Markland

Destinatario: Fulvio

Buongiorno Romano,

Grazie mille per aver risposto alla mia e-mail, so che questo la sorprenderà, ma mi permetta di presentarmi formalmente; Sono la signora Ruth Markland, Senior Independent Director presso Standard Chartered Bank Ltd, Regno Unito. La sto contattando al riguardo di una somma di $22,500,000.00 USD lasciata in deposito da uno dei nostri clienti di primo piano che ha il Suo stesso cognome. Nel giugno 2005, siamo stati contattati da questo cliente (William Romano), un imprenditore straniero, per un dialogo circa degli investimenti lavorativi con la Royal Dutch Plc. Successivamente come responsabile della sua operazione, l'ho incoraggiato a considerare vari tipi di fondi con diverse condizioni di rating. Alla fine ha investito solo diciannove milioni e cinquecentomila dollari. Sulla base della mia consulenza professionale, siamo riusciti a far incrementare il deposito iniziale con profitto raggiungendo l'attuale capitale di 22,5 milioni dollari. Dopo alcuni mesi la mia banca Standard Chartered gli ha inviato diversi avvisi senza ricevere risposta e successivamente abbiamo scoperto che, purtroppo, è morto in un incidente d'auto sulla strada principale di Madrid con tutta la sua famiglia nell'estate del 2008, possa la loro anima riposare in pace . E' morto senza lasciare un testamento e molti sforzi sono stati fatti per trovare altri componenti della sua famiglia attraverso la sua ambasciata, ma inutilmente. A causa della natura sensibile del private banking, la maggior parte dei clienti non nomina parenti prossimi nei loro investimenti, il più delle volte lasciano le loro ultime volontà alla nostra cura; ma in questo caso il nostro cliente ormai defunto è morto senza testamento.

E' abbastanza chiaro ora che il nostro caro cliente (Mr. William Romano) è morto senza alcun membro identificabile della famiglia. Secondo la prassi del settore bancario privato entro la fine di quest'anno sarà trasmessa una richiesta di rivendicazione da parte della Standard Chartered Bank Ltd; se non riceveremo risposte valide, il deposito sarà probabilmente riportato sotto la gestione della Standard Chartered Bank Ltd. Questa evenienza porterà il denaro nella contabilità Standard Chartered e il portafoglio sarà fuori dalla mia portata e fuori della divisione private banking. Ciò che mi preoccupa di più è che, secondo le leggi del mio Paese in un periodo di dieci (10) anni i fondi torneranno alla proprietà del governo britannico se nessuno si farà valere per rivendicarli.

Ora, io sono pronta a darle le informazioni necessarie per farla apparire come il più vicino superstite del nostro defunto cliente (Mr. Williamo Romano) visto che per coincidenza, o direi come ha voluto il destino, portate lo stesso cognome. Propongo inoltre che, dopo il positivo risultato della transazione commerciale, i fondi saranno ripartiti nel rapporto 40/60. Lei otterrà il 40% ed io avrò diritto al 60% come iniziatore della transazione. Sappiate che già prima di contattarvi o eseguito diligentemente i miei compiti. Anche se il progetto è ad alta intensità di capitale, so che sarò in grado di gestirlo con il suo aiuto, attraverso opportuni canali bancari e legali. Le garantisco che questo procedimento sarà eseguito secondo le vigenti leggi e che lei sarà tutelato da qualsiasi inconveniente legale. Io mi occuperò dell'aspetto giuridico, con l'assistenza di un avvocato che preparerà tutti i documenti che saranno necessari per trasferire il denaro dal Regno Unito al suo paese e avendo Lei lo stesso cognome non sarà difficile farlo. Ancora una volta chiedo che se non ha interesse in questo progetto, cancelli pure questa mail e dimentichi che io l'abbia mai contattata, le chiedo di non essere vendicativo e distruttivo e di non rovinare la mia carriera. Un'occasione come questa avviene solo una volta nella vita, sono una donna di famiglia e questa è un'opportunità per me di dare alla mia famiglia il meglio della vita. Vorrei che lei ragionasse su questo e mi comunicasse la sua decisione. Se mi dà una risposta positiva, io le fornirò le informazioni rilevanti per la riuscita del trasferimento di questi fondi e saremo entrambi soddisfatti.

Inoltre desidero informarla che non dovrete mai contattarmi tramite i canali ufficiali, altrimenti io negherò di essere a conoscenza di questo progetto. È inoltre possibile controllare la mia biografia da questo link:

Mrs. Ruth

```
https://www.sc.com/en/about-us/our-people/
    about-us-our-people-profile/ruth-markland.html
```

Può chiamare la nostra linea ufficiale +44 (0) 20 7885 8888, ma non parli di questa transazione o io rinnegherò e dirò di non saperne nulla. Quando chiama, chieda della signora Ruth Markland (Standard Chartered Bank) se sono al mio posto la chiamata mi verrà trasferita, ma le chiedo a quel punto di interrompere la comunicazione perché le linee ufficiali non sono mezzi sufficientemente sicuri tenendo conto della natura di questa operazione, perché sono periodicamente monitorate dal nostro customer care con il nostro Total Quality Management. Suggerisco quindi che continuiamo a comunicare via e-mail.

Attendo una vostra risposta.

Saluti,

Sig.ra Ruth Markland.

A parte la grammatica traballante, tanto in italiano quanto in inglese, emergono immediatamente alcune incongruenze. La prima, evidente, la finta signora Markland cerca di tranquillizzarmi sulla legalità dell'operazione; verrà gestita tramite un avvocato, sarò tutelato da problemi legali, eppure mi chiede di non denunciarla alla banca perché ha famiglia. Mi invia il collegamento al suo curriculum nel sito della sua banca, un numero di telefono a cui chiamare per sincerarmi che esista veramente; eppure mi dice che se chiamerò lei negherà tutto e fingerà di non sapere niente. Se mai avessi chiamato in banca infatti, la signora Markland probabilmente mi avrebbe davvero risposto, ma sarebbe stata realmente ignara di tutto, in quanto non è di certo la stessa persona che mi ha inviato l'email.

Notiamo l'aspetto psicologico, da un lato il truffatore cerca di tranquillizzare la vittima circa la legalità dell'operazione. Dall'altro però gli lascia intravedere del torbido, un modo facile di diventare ricco velocemente, una opportunità di condividere la torta con i potenti, quelli che manovrano quotidianamente grosse quantità di denaro. Vengono usate parole tecniche altisonanti come "*Total Quality Management*" il cui unico scopo è quello di dare lustro al processo. Nel mondo reale infatti il TQM non ha nulla a che vedere con il *customer care*, e il termine "Quality" non ha in realtà nessun legame con la "Qualità" del prodotto offerto.

Un'ultima nota. Questa volta la Nigeria non c'entra nulla. Nessun riferimento, nessuna provenienza. Gli *header* delle email sono praticamente muti, non è possibile estrarre alcuna informazione utile. Tuttavia qualcosa si scopre da una analisi *whois* del dominio bschartered.com che mi verrà comunicato tra qualche email. Suona simile al nome della banca vera, ma in realtà è stato registrato da un anonimo negli Stati Uniti, pochi mesi prima del contatto LinkedIN da parte di Ruth.

Mittente: Fulvio

Destinatario: Ruth Markland

Salve sig.ra Markland,

grazie per la grande opportunità.

Sono molto felice (ovviamente) del contatto e sono d'accordo per il 40%, mi sembra giusto. Per me è ok per continuare la conversazione via e-mail, non ho bisogno di chiamarla se le può creare problemi.

Cordiali Saluti

Fulvio

Mittente: Ruth Markland

Destinatario: Fulvio

Salve Romano,

Grazie per la risposta alla mia email ed alla disponibilità in questa impresa. Considerata la quantità di denaro coinvolta e la natura della transazione, ho bisogno di onestà reciproca per raggiungere l'obiettivo comune. Voglio essere sicuro che lei sia pronto per questa transazione con me e quello che mi aspetto da lei è fiducia e impegno.

Voglio che questa grossa quantità di denaro venga trasferita con il suo aiuto e lei non deve preoccuparsi circa la legalità della faccenda, perché tutto ciò che riguarderà lei, riguarderà anche me, quindi le do la mia parola, non ci sarà nulla di cui preoccuparsi, io farò tutto ciò che è legalmente richiesto per garantire che il progetto proceda tranquillo, passerà attraverso tutte le leggi bancarie internazionali e so che se seguiremo diligentemente la transazione, essa si concluderà in sette giorni lavorativi.

Contatterò un procuratore che preparerà tutta la documentazione necessaria per nominarla beneficiario, lui otterrà le autorizzazioni necessarie dalle rispettive autorità nel Regno Unito, le quali copriranno tutti gli asperti coinvolti in questa transazione.

Per prima cosa deve inviarmi una copia della sua patente, carta d'identità o passaporto. Sarà il documento utilizzato dal procuratore per perfezionare tutta la documentazione e costruire una relazione di reciproca fiducia tra di noi.

Il procuratore si occuperà di tutte le questioni legate al diritto di successione, perfezionerà tutti i documenti e li invierà alla mia banca per l'immediato trasferimento dei suoi fondi presso la designata banca finale. Sono stata una bancaria per molti anni e conosco il sistema alla perfezione.

Quanto riceverò i suoi documenti e dettagli inizierò a preparare tutto l'incartamento.

Attendo una risposta al riguardo.

Sinceramente

Sig.ra Ruth

A seguito di questa email preparo della documentazione, ovviamente falsa, e la invio in risposta. Utilizzo il mio nome e cognome reale, perché ormai divulgato. L'indirizzo è inventato, il numero civico è 149 che è una commutazione delle cifre 419, altro nome della truffa alla Nigeriana. Infine la data di nascita è l'immancabile primo aprile dell'82. Nessuno di questi indizi comunque sortisce effetto alcuno.

Mittente: Fulvio
Destinatario: Ruth Markland

Salve sig.ra Ruth,
grazie per la rapida risposta.

Come richiesto, può trovare in allegato una scansione della mia carta d'identità.

Cordiali Saluti.

Fulvio Romano

Mittente: Ruth Markland
Destinatario: Fulvio

Salve sig. Romano,

Grazie molte per la sua carta d'identità, ho appena ricevuto il contratto dal procuratore. Appena riceverò una copia da lei firmata le invierò i dettagli con i quali potrà contattare la banca ed inoltrarmi le linee guida che riceverà.

Cordiali Saluti

Sig.ra Ruth.

Mrs. Ruth

TERRY SOC LAW AND ASSOCIATES

SOLICITOR & ADVOCATES, LEGAL REPRESENATIVES
Notary Public, Legal & Company Representatives, Property Consultants

Centre, 99 Queen's Road, Central London.SW6 3BU.
England
TEL: +447043748347

AGREEMENT LETTER

This is to certify that I..............................accept to work with...MRS. RUTH ...MARKLAND...........with this transaction on the (date) of .... in, trust, truth and committed without having any problems after receiving the funds under his offer.

I will want all legal documents backing me up as the next of kin to Late .... documented by my full details below:

FULL NAME: ....

CURRENT ADDRESS: ....

....

AGE: .... OCCUPATION ....

NATIONALITY: ....

PHONE NUMBER: ....

FAX: ....

In the above details, I confirm that all the information I have given herein on this day is true and correct and I promise to be of good faith to retain the funds after been received by me and share the total funds as agreed in the ratio 60/40 percentage of the total funds collected by me.

SIGNATURE   BARRISTER TERRY LAM

PARTNERS:

(Rae. Cheng Woo, Principal Partner, Jikwo BL, PhD), Yeving Kim Partner (LLB Hons), Ella Tea, Secretary (LLB Hons)

127

A seguito, invio il contratto firmato. Naturalmente i dati sono fasulli, e la firma è apposta con la mano sinistra. In questo modo infatti la grafia non è riconoscibile neanche con una perizia calligrafica. Magari non è strettamente necessario, ma ritengo che far circolare documentazione con la propria grafia sia un inutile rischio che è possibile evitare.

Mittente: Ruth Markland

Destinatario: Fulvio

Salve sig. Romano,

Grazie per il contratto firmato che mi ha inviato. Le sto inviando i dettagli del dipartimento della mia banca che si occuperà della pratica, io farò la mia parte quando mi arriverà la domanda; lei risulta il parente più prossimo del sig. Williamo Romano. La prego di notare che appena i fondi saranno trasferiti sulla Banca di sua scelta, la distribuzione dovrà essere come d'accordo 60:40.

Gentilmente contatti la mia Banca via email con le informazioni sotto riportate, dicendo loro che lei è l'erede di Williamo Romano e che rivendica quanto da lui lasciato a deposito in banca sotto forma di investimento in bond, i fondi dovranno essere trasferiti presso di lei. Non faccia il mio nome in nessun caso.

Resterò in attesa di notizie su come procedere e di quali informazioni le chiederanno. Contatti il dipartimento via email e mi faccia sapere appena fatto.

Sig.ra Ruth.

Di seguito le informazioni della banca:

Standard Chartered Bank

Foreign Account Department/General Ledger Department (GLD)

1 Basinghall Avenue, London, EC2V 5DD

Email: contactus@bschartered.com

Website: www.sc.com

9.00AM - 5.00PM (Mondays-Fridays)

Mittente: Ruth Markland
Destinatario: Fulvio

Salve sig. Romano,
Sono ancora in attesa di aggiornamenti. Ha contattato la banca? Ha ricevuto risposta? Per piacere mi tenga aggiornata, non abbiamo molto tempo.

Cordiali Saluti,
Sig.ra Ruth.

Come detto, l'indirizzo `www.sc.com` è l'indirizzo reale della *Standard Chartered Bank*, mentre il dominio `bschartered.com` è stato creato dai truffatori.
Proviamo a perturbare il sistema...

Mittente: Fulvio
Destinatario: Ruth Markland

Salve sig.ra Ruth, mi spiace, ma durante l'orario di lavoro non ho un pc e non posso rispondere alle sue email.

Ho contattato la banca come da Lei suggerito. Tuttavia ho preferito chiamare a telefono per una risposta più rapida. Ho trovato il numero sul sito da lei riportato.

In banca ho parlato con il sig. Moore, gli ho detto del sig. Romano, che era un mio parente e che volevo reclamare il suo deposito in bond. Il sig. Moore mi ha detto che senza numero di conto non ha la possibilità di rintracciare il portafoglio corretto.

Può gentilmente inviarmi il numero del conto, oppure agire dall'interno in qualche modo?

Grazie

Cordiali Saluti

Inutile precisare che ovviamente non ho mai chiamato in banca, e che il sig. Moore non esiste... o almeno credo...

Mittente: Ruth Markland

Destinatario: Fulvio

Salve sig. Romano,

Grazie per l'aggiornamento, ma io le avevo detto di non dare a nessuno queste informazioni confidenziali. Mi dispiace, ma non posso più proseguire questo affare con lei, le avevo detto di non chiamare, ma inviare una mail, o di scrivermi se avesse avuto bisogno di ulteriori informazioni, perché ha chiamato la banca? Pensa che il sig. Moore sappia qualcosa al riguardo? Sto facendo questo per un reciproco vantaggio, ma se lei mi vuole rovinare la reputazione in banca e danneggiare la mia carriera, io non ci sto.

Grazie

Sig.ra Ruth.

Ecco, il sistema è perturbato. Questa mail è stata probabilmente scritta di pugno, non è stato un copia e incolla di una procedura standard. Il truffatore ha dovuto leggere il mio messaggio, decidere cosa fare ed infine scrivere una mail. Perdere tempo insomma, ecco l'effetto dell'*interposizione*.

Può sembrare che abbia avuto paura, ma probabilmente non è così. Certamente non teme ripercussioni dalla banca, è il rischio più grande ed avrà preso adeguate precauzioni. Inoltre se avesse avuto realmente paura avrebbe semplicemente interrotto le comunicazioni. Ma ad un certo punto qualsiasi Nigeriana vede l'ingresso di un'autorità che fa la voce grossa. E' una parte necessaria nella trafila psicologica che la vittima deve passare. Ma se una vittima esce dal seminato non c'è tempo per far intervenire un nuovo personaggio, bisogna utilizzare quelli già presenti nel gioco.

Proviamo a recuperare la situazione...

Mittente: Fulvio
Destinatario: Ruth Markland

Salve sig.ra Ruth, non capisco perché si arrabbia tanto. Ho pensato che una email potesse essere più pericolosa perché avrebbe rappresentato un documento scritto. Una telefonata è più impersonale, io non ho fatto il suo nome, lei non è certo rovinata.

Sembra che la banca non possa identificare il conto senza il relativo numero. Se questo è effettivamente un problema, lo sarà sia se scrivo, sia se chiamo, giusto?

Se è così spaventata dalla situazione, forse è meno limpida di quello che pensavo. Forse dovrei esserne spaventato anche io?

Per piacere mi faccia sapere se vogliamo andare avanti o no.

Se vuole posso scrivere la mia mail già domani.

Cordiali Saluti

Mittente: Ruth Markland
Destinatario: Fulvio

Salve sig. Romano,

Grazie per la sua email. Non voglio andare di fretta in questo affare, dovremmo prenderci qualche giorno di tempo e capire dove stiamo andando. Sto facendo tutto questo per un reciproco vantaggio, se vorrà seguire le mie istruzioni come le ho detto. Le ho richiesto la carta d'identità per il contratto, e lei non me l'ha ancora mandata, non abbiamo ancora nessun vincolo e lei chiama in banca? Mi deve inviare la carta d'identità che userò per preparare l'accordo che poi dovrà firmare ed inviarmi una copia firmata. Poi le darò l'indirizzo email da contattare per i fondi. Quello che risponderanno sarà quello che dovremo fare.

Cordiali Saluti

Sig.ra Ruth.

Si può notare come appena il processo esce dal consueto, per il truffatore diventa difficile seguire ogni singola vittima. Ha dimenticato di avermi già inviato il contratto e che l'ho anche già restituito firmato.

In ogni caso, come richiesto, invio l'email al finto indirizzo della banca. Dopo qualche giorno ricevo quella che sembra una mail automatica con la quale la banca mi informa di aver processato la mia richiesta, mi assegna un numero di ticket e mi dice di aspettare di essere ricontattato dal loro personale.

Ruth però, evidentemente spaventata dalla mia libertà di iniziativa, non si è fatta più sentire.

Mr. Wang

[Il testo di questa prima email è originale e non tradotto dall'inglese - NdA]

Mittente: Andrew Shuhui

Destinatario: Fulvio

Buon giorno 13/05/2015

So che questa mail verrà a voi come una sorpresa, vi prego di accettare il contenuto di buona fede. Lasciate che mi presenti, sono il signor Andrew WANG Shuhui, io lavoro con Chong Hing Bank di Hong Kong. Ho una proposta d'affari per voi.

Ho avuto un cliente iracheno di nome Mohamed Al Ghanim, un uomo d'affari, ha fatto il censimento conto di deposito fisso di 44,500,000.00 dollari nel mio ramo. Alla scadenza diversi avviso è stato inviato a lui, anche durante la guerra, diversi anni fa. Anche in questo caso, dopo la guerra un'altra notifica è stata inviata e ancora nessuna risposta è arrivata da lui. Più tardi abbiamo scoperto che Mohamed Al Ghanim e la sua famiglia erano stati uccisi durante la guerra in spari che ha colpito la loro casa a Mukaradeeb dove si trovava il suo business del petrolio personale.

Dopo ulteriori indagini si è anche scoperto che Mohamed Al Ghanim non ha dichiarato alcun parente più prossimo nei suoi documenti ufficiali, tra cui il lavoro di carta del suo deposito bancario. E ha anche confidato in me l'ultima volta che era nel mio ufficio che nessuno tranne me sapeva del suo deposito nella mia banca. 44,500,000.00 dollari giace ancora nella mia banca e nessuno potrà mai fatto avanti per reclamarla. Quello che mi preoccupa è che, secondo le leggi del mio paese alla scadenza sette anni, sei mesi i fondi torneranno alla proprietà del governo cinese se nessuno vale per richiedere i fondi. Non voglio che il governo cinese a rivendicare questo denaro.

Essere informati che il fatto che sei uno straniero che vi dà il privilegio di stare in come il mio defunto beneficiario cliente. Come il mio cliente aveva alcuna relazione tutta la sua famiglia è morto con lui durante la guerra e non posso usare la mia relazione perché non è qui accolta a Hong Kong. Anche io sono molto fiducioso che saremo in grado di stabilire la fiducia che è necessaria per completare questo affare e tutto da voi che ho bisogno è la vostra volontà e l'impegno in modo da poter porre fine a questo nella prossima settimana.

Quello che c'è da capire su questa transazione è che farò in modo che passa attraverso tutte le leggi bancarie internazionali per quanto riguarda questo mi prenderò cura di alcune delle spese e il costo di mantenere i servizi di avvocati professionali per dare all'operazione la giusta documentazione necessaria per perfezionare la finitura. Nulla sarà fatto illegalmente.

Il sotto è quello che è necessario comprendere per questa attività:

1. Rapidamente essere informato che si dovrà impostare un account offshore in grado di accogliere i 44,500,000.00 dollari, sarà con una banca ALL'ESTERO che farò trasferire il denaro. Il motivo per cui si dovrà impostare un account off-shore è per ragioni di sicurezza e privacy, non posso trasferire i soldi direttamente al vostro paese e anche a causa della grossa somma. Si prega di notare che tutto ciò che farai passare in apertura del conto che si deve dedurre dal 44,500,000.00 dollari prima che condividiamo 50/50, in secondo luogo il conto verrà aperto in tuo nome e tu sarai l'unico ad avere accesso a questo account.

2. Sarò quello di gestire il costo del procuratore, che è anche un sacco di soldi che l'avvocato fatturerà. Sarò anche essere quello di gestire i costi di trasferimento e il pagamento delle imposte da Hong Kong prima che i fondi è finalmente trasferito alla banca off-shore che gli aprirai. Non hanno detto che, informato del fatto che avrete bisogno di una certa quantità di denaro per impostare questo conto con la banca principale all'estero come l'apertura di deposito come il suo stato chiamato base sul fatto che si tratta di un conto offshore, questo però consentirà l'account accogliere i 44,500,000.00 dollari che saranno trasferiti e il denaro non si riprenderà alla mia banca.

Si prega di notare che non vi sarà una lettera dell'accordo che sarà preparata in tribunale dal procuratore, questa lettera sarà stato il nostro impegno e anche affermare che saremo entrambi dedurre dalle 44,500,000.00 dollari nostro importo liquidato prima condivideremo 50/50 . L'accordo sarà preparato nel tribunale competente e deve essere firmato da noi prima di entrare in questo affare completamente.

Pertanto, se si è disposti a lavorare con me in questo progetto, mi ha risposta indietro attraverso la mia mail privata: Shuanw@bigpond.com Immediatamente ho vostra risposta, vi dirò cosa fare dopo. Grazie mille. Lei parla inglese?

Cordiali saluti, Sig. Andrew Shuhui

Mittente: Fulvio
Destinatario: Andrew Shuhui

Buongiorno,

Sono molto interessato a questo progetto e voglio ringraziarla per l'opportunità.

Per piacere mi mandi i dettagli della transazione, ma per cortesia tenga in considerazione che ho dei problemi lavorativi e non ho a disposizione contanti da anticipare in questa operazione.

Cordiali Saluti

Mittente: Andrew Shuhui
Destinatario: Fulvio

Salve,

ho ricevuto la sua risposta che ho molto apprezzato. Mi permetta di chiarire velocemente alcune cose prima di procedere con il prossimo passo. Qui di seguito può trovare le mie informazioni personali:

Nome: Mr. Andrew WANG Shuhui

Indirizzo: 11/F Wilson House 19-27 Wyndham Street Central, Hong Kong

Cellulare: +85281914053

Numero di carta di identità: NO: 133/CH/10

Io mi occuperò di pagare le spese di procura. Ho una fattura di 350.000 dollari per la preparazione dei documenti che la indicano come successore del mio defunto cliente e dei suoi servizi. Non ho tutti i soldi per pagare questa fattura in questo momento. Però ne pagherò una parte ora, e poi pagherò il saldo dopo la conclusione della transazione.

Lei dovrà occuparsi dell'apertura del conto in una banca rispettabile. Appena avremo un accordo in tal senso le invierò i dettagli della banca. So che l'apertura del conto le costerà un po' di soldi ma non so quanto possa essere necessario. Credo che la cifra sia tra i 1000 ed i 3000 euro. Le dico subito che qualsiasi cifra lei userà per aprire il conto sarà detratta dai 44.5 milioni di dollari prima della suddivisione al 50 e 50.

Ho pronto un contratto che l'avvocato ci ha preparato. E' da firmare quando avrà accettato questo impegno, il contratto sigla il nostro accordo circa questa transazione e consiste in un legame tra di noi. Le invierò il contratto via email appena mi avrà confermato di essere d'accordo con quanto detto sopra.

Ho inoltre bisogno che mi invii le seguenti informazioni per modificare il proprietario del fondo:

1. il suo nome completo:
2. il suo indirizzo attuale:
3. il suo numero di telefono:
4. l'occupazione:
5. una scansione di un documento d'identità come la patente, il passaporto o la carta d'identità

Si ricordi che il nome e l'indirizzo saranno usati dal procuratore per preparare la necessaria documentazione che la individuerà come unico beneficiario dei fondi del mio defunto cliente, mentre la contatterò al numero di telefono per altre comunicazioni. La ringrazio ancora per l'interesse e la volontà di partecipare con me al tirare fuori dalla banca i fondi del mio defunto cliente.

Risponda gentilmente al più presto possibile in modo da poter procedere col prossimo passo di questa transazione. Voglio che sappia che non ci sono rischi e che il tutto è perfettamente legale. Ho però bisogno di sapere che lei prenderà seriamente al 100% questo affare e che lo manterrà privato e confidenziale.

Sinceramente,

Sig. Andrew WANG Shuhui

Mittente: Fulvio

Destinatario: Andrew Shuhui

Salve,

la ringrazio per la risposta e mi scusi per il ritardo.

Sotto può trovare le informazioni richieste:

1. il suo nome completo: Fulvio Romano
2. il suo indirizzo attuale: via Petrarca, 149 - Trento - Italy
3. il suo numero di telefono: +39 347*******
4. l'occupazione: operaio specializzato
5. una scansione di un documento d'identità: la trova allegata

Sono pronto per l'apertura di un nuovo conto in banca. Ovviamente posso aprirlo solo in Italia.

Cordiali Saluti

Fulvio Romano

Mittente: Andrew Shuhui

Destinatario: Fulvio

Salve Sig. Romano,

Buongiorno, grazie per il suo messaggio. Ho ricevuto la sua email di conferma. La ringrazio molto per la sua collaborazione e gradirei leggesse il contratto che trova allegato a questa email preparato per accordarci sulla transazione. Ho bisogno che la firmi e me la rispedisca. Come vede io l'ho già firmata e può trovare in allegato la mia carta d'identità.

Quando riceverò la copia firmata le invierò i dettagli della banca principale dove dovrà aprire il conto. Non avrà bisogno di viaggiare fuori dal suo paese per aprire il conto. Ho sottoposto tutte le informazioni al procuratore per iniziare il processo legale e per la preparazione dei documenti. Questo richiederà alcuni giorni.

Appena riceverò firmato il contratto allegato a questa email le invierò i dettagli della banca principale che dovrà contattare per l'apertura del conto. Il conto sarà aperto a suo nome e lei sarà l'unico ad avere accesso.

Per essere certi che tutto vada a buon fine dopo che avrà aperto il conto, per favore firmi il documento allegato e me lo rispedisca al più presto. Appena lo riceverò le comunicherò immediatamente la banca dove aprire il conto offshore. Sono lieto di fare affari con lei. Grazie.

Sinceramente,

Sig. Andrew WANG Shuhui

創興銀行有限公司
Chong Hing Bank Limited

LETTER OF AGREEMENT

Dear Partner,

Due to the amount of funds involved in our transaction, and our financial commitments, it became necessary for me to draw out a letter of agreement or understanding. So that we do not encounter problems with the sharing after the transfer nor any problems now and in the future.

Our Benefits:
1. MR ANDREW SHUHUI - $ 22,250,000.00 USD TWENTY TWO MILLION TWO HUNDRED AND FIFTY THOUSAND DOLLARS
2. **FULVIO ROMANO** - $ 22,250,000.00 USD TWENTY TWO MILLION TWO HUNDRED AND FIFTY THOUSAND DOLLARS

OUR COMMITMENT:

1. **Attorney's Fee** : By Mr Andrew Shuhui

2. **Legal Documentation Charges** : By Mr Andrew Shuhui

3. **Transfer Charges** : By   Mr Andrew Shuhui

4. **Setting of new offshore Account** : By Fulvio Romano

Please sign below If The Terms and Conditions are accepted by both parties.

1st Party MR ANDREW SHUHUI   2nd Party
_05 / 06 / 2015_
------------------------------   -----------------------------
Name, Signature and Date   Name. Signature and Date

Mittente: Fulvio

Destinatario: Andrew Shuhui

Salve sig. Andrew,

trova in allegato il contratto firmato.

Mi faccia sapere il prossimo passo.

Saluti

Fulvio

Mittente: Andrew Shuhui

Destinatario: Fulvio

Salve sig. Romano,

Da una mia ricerca tra le banche europee ho trovato la più adatta al nostro caso. Ho verificato le condizioni e sono felice di dirle che è tutto ok.

Tutto quello di cui ho bisogno è che apra un conto offshore nella banca e mi invii le informazioni relative, così appena i documenti saranno pronti, l'avvocato procederà con il trasferimento dei fondi, quindi ho bisogno che il conto venga aperto.

I documenti le saranno inviati e questo svincolerà i fondi. Ho intenzione di fare investimenti immobiliari in Europa, ma di questo parleremo più avanti.

Trova qui sotto i dettagli della banca.

CAIXA

Madrid, Spagna.

Dipartimento conti

Tel: +34631529787

Fax: +34911820295

Email: offshore@lacaixgrupo.com

Invii la mail come sotto riportato;

Alla vostra attenzione,

Il mio nome è Fulvio Romano, ho ricevuto i dettagli della vostra banca da un mio amico, ho intenzione di aprire un conto offshore entro tre giorni per depositare la somma di 44.5 milioni di dollari senza alcuna bandiera rossa.

Apprezzerò i vostri sforzi nel trattare la mia richiesta con urgenza, perché ne ho bisogno entro tre giorni lavorativi.

Grazie per la collaborazione

Fulvio Romano

A seguire invio l'email richiesta. Faccio un copia e incolla del testo suggerito da Wang perché ritengo che questo faccia ancora parte del processo di selezione della vittima. I toni usati infatti sono poco consoni ad una richiesta ufficiale di apertura di un conto. Il termine "offshore" riferito ad una banca di Madrid, il limite temporale di tre giorni, il motivo della richiesta, ovvero versare i 44.5 milioni di dollari, appaiono davvero fuori contesto. Inoltre il fatto di dover giustificare di aver conosciuto la banca tramite "un amico", nonché la richiesta di non applicare la "bandiera rossa" (*red flag* nel testo originale) sono più termini da film poliziesco che da sano rapporto bancario. Insomma per inviare la comunicazione tal quale è necessaria una buona dose di credulonità, ed il non porsi domande o fare qualche telefonata preventiva dimostra che la vittima è degna di portare questo nome.

Siccome in questa fase ho ancora la necessità di essere "selezionato", decido di non fare alcuna modifica al testo ed di inviarlo all'indirizzo email che so non appartenere affatto ad una banca, visto il risultato dell'analisi *whois*.

Mittente: CAIXA: Offshore Account
Destinatario: Fulvio

CAIXA
Avd. de San Morales, 28006, Madrid.
Tel: +34631529787
Fax: +34911849844

All'attenzione: Gentile Cliente; Fulvio Romano

Abbiamo ricevuto la sua email ed abbiamo compreso la sua volontà di aprire un conto offshore entro tre giorni lavorativi. Secondo la nostra politica aziendale lei deve aprire un conto di tipo professionale per non residenti. Appena le necessarie verifiche saranno concluse, lei avrà il suo conto. Vorremmo inoltre sapere se il conto avrà scopo di investimento e in caso affermativo che tipo di investimento.

La prego di notare che per l'apertura di un conto offshore presso di noi dovrà eseguire le semplici operazioni sotto riportate.

1. Compili semplicemente il modulo di apertura conto offshore che trova in allegato e ce lo invii via fax o email insieme ad un suo valido documento di identità (passaporto o patente di guida).

2. Ci notifichi il versamento iniziale di 2.857,00 EUR. Questo pagamento dovrà essere obbligatoriamente ed esclusivamente effettuato mediante bonifico bancario.

Appena riceveremo il modulo ed il suo documento identificativo, vi invieremo i dettagli del suo conto sul quale dovrà bonificare i 2.857,00 EUR, questa tassa verrà depositata sul suo conto e potrà farne uso in qualsiasi momento.

Appena riceveremo tutte le informazioni richieste, il suo conto sarà aperto entro il termine che ci ha indicato via email ed i dati internet le saranno inviati immediatamente.

Grazie per la fiducia accordata

Ricardo Montes

Mr. Wang

CAIXA BANK

Avd de San Morales 28006, Madrid.
Tel: +34631529787
Fax: +34911849844
Email: offshore@lacaixgrupo.com

INDIVIDUAL ACCOUNT OPENING FORM

PLEASE SELECT THE DESIRED TYPE OF ACCOUNT

Current Account ☐   Offshore Account ☐   Savings Account ☐   IPSA Account ☐   Fixed Deposit ☐   Others ☐

DECLARATION

I/WE APPLY FOR THE OPENING OF AN ACCOUNT WITH CAIXA BANK. I/WE UNDERSTAND THAT THE INFORMATION GIVEN HEREBY IS THE BASIS OF OPENING SUCH ACCOUNT AND WARRANT THAT SUCH INFORMATION IS CORRECT. I/WE AGREE TO ABIDE BY THE TERMS AND CONDITIONS GOVERNING THE OPERATION OF THIS ACCOUNT.

Account Name (applicable only to joint account)

Title   Mr. ☐   Mrs ☐   Miss ☐   Master ☐   Other ☐   (please specify)

Name
Surname   Middle Name   First Name

Residential Address

Mailing Address

Date of Birth   Nationality

Business/Occupation   Mother's Maiden Name

Name of Employer (if any)

Address of Employer

Office Phone/Fax   Home Phone   Mobile Phone   E-mail Address

Sex   Male ☐ Female ☐   Marital Status   Married ☐ Single ☐

Religion   Form of Identification

Int'l Passport ☐   National ID ☐   Driver's Licence ☐

Others (Specify) ☐

Signature & Date   DD / MM / YY

Number   Date of Issuance DD / MM / YY   Expiry Date DD / MM / YY

Issuing Authority

ELECTRONIC BANKING SERVICES (Tick as required)

☐ Internet Banking   ☐ SMS Banking   ☐ Telephone Banking   ☐ V Pay Card   ☐ Master Card   ☐ I-Alert

Name of Applicant: Signature:

DOCUMENTATION CHECKED BY ACCOUNT OFFICER: I HEREBY CERTIFY THAT THIS ACCOUNT OPENING FORM IS COMPLETE IN ALL ASPECT.   CAIXA Avd de San Morales, 28006, Madrid. SPAIN.

143

Ancora una volta si nota come il gergo utilizzato è molto lontano da quello tipico bancario; "semplici operazioni" ad esempio. Vengono fatte richieste strane come il versamento di una cifra tutto sommato abbastanza consistente, senza la quale non è possibile aprire il conto. Questa cifra assomiglia agli sbarramenti di ingresso tipici dei fondi gestiti, ma tale metodo non si applica ai conti bancari. Inoltre viene chiamata "tassa" (*fee* nel testo originale) ma poi mi viene comunicato che in ogni caso questa resterà a mia disposizione. Anche il modulo contiene richieste veramente insensate come il nome da nubile di mia madre, o addirittura la mia religione. L'impressione è che, diversamente dal caso di Ruth, qui il processo di autoselezione della vittima sia continuo.

Comunque compilo il modulo e lo invio per email insieme con la scansione della carta d'identità.

Mittente: Ricardo Montes
Destinatario: Fulvio

CAIXA
Avd. de San Morales, 28006, Madrid.
Tel: +34631529787
Fax: +34911849844

All'attenzione: Gentile Cliente; Fulvio Romano

Abbiamo ricevuto il suo messaggio. Il modulo era compilato correttamente ma abbiamo bisogno che ci invii una copia del documento di identità [*che in realtà avevo già allegato - NdA.*]

Tutte le informazioni sono in ordine. Abbiamo aperto il conto, ma l'attivazione è sospesa fino a che riceveremo il deposito iniziale di 2.857,00 EUR. Successivamente il suo conto sarà perfettamente funzionante e le saranno inviate le credenziali per l'accesso online.

Trova in calce le informazioni per effettuare il bonifico della somma pattuita.

Nome della banca: LA CAIXA
Beneficiario: AJAYI OGEDENGBE
Numero di conto: 2100 5889 3801 0033 1971

IBAN: ES16 2100 5889 3801 0033 1971

SWIFT CODE: CAIXESBBXXX

Indirizzo: Madrid, Spain

Appena avrà effettuato il bonifico ci invii per conferma una copia della ricevuta di pagamento.

Ricardo Montes

Da una breve ricerca l'IBAN sembra correttamente formato, ma non consente una verifica più approfondita, almeno dall'Italia e con i limitati mezzi che ho a disposizione.

Ci sono almeno tre enormi incongruenze. La prima è che devo effettuare il bonifico sul mio conto, ma il beneficiario invece di essere io, è un certo *Ajayi Ogedengbe*; la seconda è che "Madrid, Spain" non è un indirizzo, bensì solo una città; infine la terza è che mi chiedono una ricevuta per un bonifico effettuato su un loro conto, quando una banca è solitamente in grado di conoscere gli estremi del bonifico nel momento in cui questo viene effettuato. Attenzione, gli *estremi* del bonifico, non il suo esito, che comunque è incerto anche disponendo della ricevuta dell' *ordine* di bonifico.

Solo due aspetti sono invece congrui. Il primo è che il beneficiario ha un nome che suona africano, e che guarda caso è lo stesso del cantante gospel visto a pagina 50.

Mittente: Fulvio

Destinatario: Ricardo Montes

Come richiesto può trovare in allegato la ricevuta del bonifico.

Trova in allegato anche una scansione della mia carta d'identità.

Gentilmente mi informi appena saranno pronti i miei codici per l'home banking.

Grazie

Cordiali Saluti

Mittente: Fulvio

Destinatario: Andrew Shuhui

Gentile sig. Shuhi,

Ho aperto il conto come può leggere sotto. Ho anche eseguito il richiesto versamento iniziale.

Resto in attesa di istruzioni per il prossimo passo

Cordiali Saluti

Fulvio Romano

Dopo un paio di giorni vengo contattato telefonicamente da un numero spagnolo. All'altro capo del telefono un uomo con un inglese di scarso livello si qualifica come Ricardo Montes. E' preoccupato; sono già passati due giorni ed i soldi non sono ancora visibili sul conto.

Cerco di mostrarmi quanto più preoccupato possibile ed inizio a fargli una serie di domande. La prima, ovvia: "è sicuro che un bonifico internazionale possa dare esito in soli due giorni?". Effettivamente non è molto sicuro e pensa sia il caso di attendere qualche giorno in più. Il tipo sembra alla mano, e quindi provo una seconda domanda: "Il conto è mio, giusto? E' intestato a me, intendo, a mio nome, vero? Come mai allora ho fatto il bonifico ad un'altra persona? Chi è questo signor Ajayi?". Lo sento leggermente in difficoltà, evidentemente non è molto esperto. Mi risponde che è una procedura normale per i conti offshore.

Passa ancora un giorno e mi richiama. Sono trascorsi tre giorni ed i soldi non si vedono, com'è possibile? Mi chiede di contattare la mia banca e richiamare il bonifico, adesso vuole che faccia un *money transfer* tramite *Western Union*. Gli faccio presente che io l'addebito sul conto corrente lo vedo, e che quindi non posso ritirare il bonifico, e poi se faccio un trasferimento con Western Union come fanno i soldi a finire sul mio conto? Glissa sulla prima domanda, mentre risponde alla seconda. Ci penserà lui a trasferire immediatamente i soldi appena li riceve.

Mittente: Ricardo Montes

Destinatario: Fulvio

CAIXA

Avd. de San Morales, 28006, Madrid.

Tel: +34631529787

Fax: +34911849844

Attenzione: Gentile Cliente; Fulvio Romano

Di seguito trova il nominativo per il trasferimento western union:

Nome: JEAN PAUL

Cognome: SOPPO DIKA

Indirizzo: Madrid, Spain

Esegua il trasferimento di 2.857,00 EUR oggi, noi potremo riceverlo imme-diatamente ed attivare il suo conto domani. Ci invii la ricevuta di pagamento Western Union.

Dica alla sua banca di richiamare il trasferimento precedente perché non ab-biamo ricevuto niente.

Ricardo Montes

Con tale richiesta si conclude anche questo tentativo di truffa. Purtroppo con i mezzi limitati di chi non fa queste cose di professione, non è possibile andare più in là delle prime richieste di pagamenti. Senza investire a fondo perduto un po' di denaro è necessario arrendersi dopo pochi scambi.

Comunico quindi via mail a Ricardo Montes che ho chiesto in banca di ritirare il bonifico. Pare non sia possibile, e per annullarlo bisogna fare una denuncia alle autorità. Ho denunciato quindi ai Carabinieri il tutto, allegando una stampa delle email e dei contratti, e mi hanno detto di attendere qualche settimana per un riscontro.

Ovviamente non ho ricevuto più telefonate da Ricardo.

Indice

Indice analitico

www.ingramcontent.com/pod-product-compliance
Lightning Source LLC
Chambersburg PA
CBHW060514290526
45791CB00001B/386